MARCO POLO

La Palma

Reisen mit Insider Tipps

Diesen Reiseführer schrieb Horst H. Schulz.
Er arbeitet als freier Journalist
und lebt seit 1987 auf La Palma.

marcopolo.de
Die aktuellsten Insider-Tipps finden Sie unter
www.marcopolo.de, siehe auch Seite 96

MAIRS GEOGRAPHISCHER VERLAG

SYMBOLE

MARCO POLO INSIDER-TIPPS:
Von unserem Autor für Sie entdeckt

MARCO POLO HIGHLIGHTS:
Alles, was Sie auf La Palma kennen sollten

HIER HABEN SIE EINE SCHÖNE AUSSICHT

WO SIE JUNGE LEUTE TREFFEN

PREISKATEGORIEN

Hotels		Restaurants	
€€€	über 40 Euro	€€€	über 12 Euro
€€	25–40 Euro	€€	6–12 Euro
€	unter 25 Euro	€	unter 6 Euro

Die Preise gelten für zwei Personen im Doppelzimmer pro Nacht ohne (€€€ mit) Frühstück.

Die Preise gelten für ein Hauptgericht ohne Getränke.

KARTEN

[106 A1] Seitenzahlen und Koordinaten für den Reiseatlas La Palma

Eine Karte zu Santa Cruz de la Palma und eine Übersichtskarte Kanarische Inseln finden Sie im hinteren Umschlag.

Zu Ihrer Orientierung sind auch die Orte mit Koordinaten versehen, die nicht im Reiseatlas eingetragen sind.

GUT ZU WISSEN

Tauschhandel auf Palmerisch **11** · Spezialitäten auf La Palma **20**
Die Bajada **33** · Blütenteppiche **44** · Die nach den Sternen greifen **69**
Die grüne Insel – bald schwarz? **74** · Literaturtipps **77**

INHALT

DIE BESTEN MARCO POLO INSIDER-TIPPS   vorderer Umschlag

DIE WICHTIGSTEN MARCO POLO HIGHLIGHTS   4

AUFTAKT   7
Entdecken Sie La Palma!

Geschichtstabelle   8

STICHWORTE   13
Von Bananen und Pinien

ESSEN & TRINKEN   19
Speisen wie ein Palmero

EINKAUFEN   23
Stickereien und Zigarren

FESTE, EVENTS UND MEHR   24

DER NORDOSTEN   27
Tiefe Schluchten und fruchtbare Ebenen

DER SÜDOSTEN   41
Land der Vulkane

DER SÜDWESTEN   49
Schönes Wetter zwischen Cumbre und Strand

DER NORDWESTEN   63
Schön und verschlafen

NATIONALPARK   71
Caldera de Taburiente

AUSFLÜGE & TOUREN   79
Grüne Insel mit heißem Herzen

SPORT & AKTIVITÄTEN   85
La Palma macht mobil

MIT KINDERN REISEN   89
Wie aus Wasser Salz wird

ANGESAGT!   92

PRAKTISCHE HINWEISE   93
Von Anreise bis Zoll

SPRACHFÜHRER   99

REISEATLAS LA PALMA   103
KARTENLEGENDE REISEATLAS   105
MARCO POLO PROGRAMM   117
REGISTER   118
IMPRESSUM   119

BLOSS NICHT!   120

Die wichtigsten
MARCO POLO Highlights

Sehenswürdigkeiten, Orte und Erlebnisse, die Sie nicht verpassen sollten

★ **Karneval**
Karibisch inspirierter Karneval in Santa Cruz und Los Llanos (Seite 25)

★ **Viehmarkt**
Uraltes Volksfest mit großer Viehschau in San Antonio del Monte bei Garafía (Seite 25)

★ **Charco Azul**
Die vom Meer abgetrennten Schwimmbecken garantieren ungefährliches Baden in Seewasser (Seite 29)

★ **Santa Cruz**
Der ganze Charme einer in Jahrhunderten gewachsenen kanarischen Stadt (Seite 31)

★ **Las Nieves**
Die Jungfrau vom Schnee, angetan mit einem Kleid aus Silber und Edelsteinen, ist die Schutzpatronin der Insel (Seite 39)

★ **El Faro**
Der alte Leuchtturm an La Palmas Südspitze: Badebuchten, ein kleines Restaurant, die Salzsalinen und ein phantastischer Blick über Ozean und Berge (Seite 43)

★ **Vulkane San Antonio und Teneguía**
Seit seinem Ausbruch 1971 scheint der Teneguía auf kleiner Flamme zu köcheln, und man kann sich leicht die Finger verbrennen (Seite 44)

Rote Erde am Roque de los Muchachos, La Palmas höchstem Berg

Bunte Holzbalkone in Santa Cruz

 Refugio El Pilar
Mit Kind und Kegel zum großen Grillplatz Refugio El Pilar (Seite 47)

 Museo de Seda
Im Seidenmuseum von El Paso können Sie miterleben, wie aus Seidenfäden Tücher werden (Seite 51)

 La Cumbrecita
Aus 1300 m Höhe sieht man hinab in den großen Erosionskessel der Caldera de Taburiente (Seite 52)

Badespaß im Charco Azul

 Mirador El Time
Der Blick über die Ebene im Südwesten der Insel ist atemberaubend (Seite 57)

 El Tablado
In dem kleinen Weiler scheint die Zeit stehen geblieben zu sein (Seite 67)

 Roque de los Muchachos
La Palmas höchster Gipfel. Der Blick geht über die gesamte Insel und hinüber zum höchsten Berg Spaniens, dem Teide auf der Nachbarinsel Teneriffa (Seite 67)

 Wandern in der Caldera
Das Naturerlebnis überhaupt. In diesem tiefen und riesigen Eruptionskrater lässt es sich herrlich wandern (Seite 76)

 Alte Vebindungsstraße Barlovento–Garafía
Durch dichten Lorbeerwald: Mit dem Auto auf einer der landschaftlich aufregendsten Strecken der Insel (Seite 80)

 Die Highlights sind in der Karte auf dem hinteren Umschlag eingetragen

AUFTAKT

Entdecken Sie La Palma!

Die Insel der Kontraste ist ein Kontinent im Kleinen

Wie ein Herz liegt die rund 700 km² große Insel, das entspricht etwa der Größe Hamburgs, am westlichen Rand des Kanarischen Archipels. Die Spitze des Herzens zeigt nach Süden, und im Norden hat es mit 29 km seine breiteste Ausdehnung. So stellt sich der Blick aus der Höhe dar, etwa auf einer Satellitenaufnahme aus den 1980er-Jahren, die hier und dort noch in öffentlichen Gebäuden an der Wand hängt. Nähert man sich mit dem Schiff, so bietet sich ein anderer Anblick: Als mächtiger Scherenschnitt steigt die Insel abrupt aus dem Atlantik empor, und vom Seeniveau aus wirken die Höhenzüge – bis zu 2500 m steigen sie auf – noch gewaltiger.

La Palma ist vulkanischen Ursprungs. Vor etwa 20 Mio. Jahren ist die Insel mit einer gewaltigen Eruption aus dem Ozean hervorgekommen. Der Vulkanismus hat Geografie, Flora und Fauna sowie das Leben der Menschen bestimmt. Heute schlummern die Vulkane, der letzte Ausbruch auf La Palma war 1971, als der Teneguía Feuer und Asche spie.

Viele Punkte der Insel bieten wunderbare Ausblicke

Sonnenbaden am Lavastrand

Den Inselbesucher erwartet eine vulkanisch-gebirgige Landschaft, die überwiegend mit Pinienwäldern und Kulturpflanzen bewachsen ist, jedoch auch einige nackte Vulkankegel mit zum Teil gewaltigen Lava- und Ascheausläufern aufweist. Auch einer der größten Erosionskrater der Erde ist zu bestaunen. Strände dagegen sind rar gesät.

La Palma ist eine grüne Insel. Sie wird im Herbst und Winter mitunter vom Regen verwöhnt, was bei den Feriengästen oft Enttäuschung hervorruft. Doch der Regen spendet das unentbehrliche Wasser für die Landwirtschaft, die immer noch größte Bedeutung für die Wirtschaft La Palmas hat.

Die Insel mit einer Nord-Süd-Ausdehnung von etwa 47 km wird durch einen Gebirgskamm, die Cumbre, in eine feuchtere Ost- und eine trockenere Westhälfte geteilt:

Geschichtstabelle

um 1000 v. Chr. Vermutliche Besuche durch die Phönizier auf den Kanarischen Inseln

um 250 v. Chr. Erste Siedlungen auf La Palma

14. Jh. Portugiesische Seefahrer besuchen den kanarischen Archipel

1402–1496 Die Spanier erobern die Kanaren

29.9.1492 Beginn der Eroberung La Palmas durch den Spanier Alonso Fernández de Lugo

3.5.1493 Endgültige Eroberung La Palmas

um 1500 Erste Emigrationen nach Amerika

ca. 1500–1550 Blüte des Zuckerrohranbaus

ab 1550 Blüte des Weinbaus

1553 Der Franzose François Le Clerc überfällt die Hauptstadt und brennt sie nieder

1585 Englische Piraten versuchen vergebens, die Hauptstadt von La Palma einzunehmen

18. Jh. Erneute Emigrationen nach Amerika

ab 1715 Niedergang des Weinexports

1773 In Santa Cruz de la Palma konstituiert sich die erste demokratisch gewählte Bürgerschaft Spaniens

1863 Mit »El Time« erscheint die erste Zeitung auf La Palma

1866 Gründung eines Theaters

1888 Niedergang der Cochenille-(Färberlaus-)Kultur mit anschließender Emigrationswelle nach Amerika

ab 1894 Kultivierung der Banane im großen Stil

1927 Es entstehen zwei Provinzen auf den Kanaren, La Palma gehört fortan zur Provinz Teneriffa

1982 Autonomie der Kanarischen Inseln

1993 Mit Beginn des Jahres gilt für die Kanarischen Inseln ein eingeschränkter EU-Status

2000 In Santa Cruz beginnt eine umfassende Stadterneuerung: Markthalle, Plaza Alameda, Plaza España, Calle O'Daly und das Teatro Circo de Marte werden renoviert

2001 Durchstich des zweiten Straßentunnels auf der Cumbre zwischen Santa Cruz und El Paso

2002 Der Euro ersetzt die Peseta als Landeswährung

AUFTAKT

Die Cumbre steht quer zu den einfallenden Passatwinden. Die von ihnen herangeführten Wolken regnen auf der Ostseite ab. Wie krass dieser Gegensatz sein kann, erfahren Sie, wenn Sie vom Osten der Insel über die Cumbre nach Westen fahren. Sowie Sie den Straßentunnel passiert haben, herrscht strahlender Sonnenschein, während im Ostteil der Himmel womöglich wolkenverhangen ist.

> *Bananen, Mangos, Ananas und Papayas gedeihen hier*

Die unterschiedlichen Klimazonen machen aus La Palma einen Minikontinent, was Klima und Vegetation angeht. In den niedrigen Küstenzonen herrscht subtropisches Klima. Bananen, Mangos, Ananas und Papayas gedeihen hier. Ab ca. 400 m Höhe wachsen Palmen, Wein, Aprikosen, Pfirsiche, Kartoffeln, *boniatos* und Getreidearten. Ab 1200 m schließlich folgen Lorbeer- und Maronenbäume sowie die Kanarische Pinie, die nur auf dem Kanarischen Archipel wächst. Sie bedeckt fast ein Drittel der Inseloberfläche und ist relativ feuerresistent, sodass sie nach den im Sommer häufig vorkommenden Bränden meistens erneut ausschlägt. Über viele Jahrhunderte hatte sie einen hohen ökonomischen Wert, weil ihr eisenhartes Kernholz, *tea* genannt, als Bauholz genutzt wurde. In den alten Inselkirchen sieht man noch Teaholzdecken, die nach Hunderten von Jahren fast wie neu wirken.

Neben der Kanarischen Pinie gibt es viele andere endemische, nur hier wachsende Pflanzen. Zu ihnen gehören etliche Aeoniumarten, die sich mit ihren fleischigen Blättern selbst auf Felsen breit machen und überall ins Auge fallen.

Auf dieser Insel der Kontraste mit ihren hohen Bergen, schroffen Graten, Lavafeldern, Pinien- und Lorbeewäldern und Bananenplanta-

Der Passat treibt Wolken über den Gebirgskamm Cumbre

Blick in die Calle Pérez de Brito in Santa Cruz

gen, mit Temperaturen zum Schwitzen und solchen zum Frieren, leben etwa 80 000 Menschen, davon ca. 18 000 in der Hauptstadt Santa Cruz de la Palma. Die Hafenstadt war jahrhundertelang der letzte Zwischenstopp für die vielen kanarischen und spanischen Emigranten, die in mehreren Wellen nach Venezuela und Kuba auswanderten. Abgesehen von dieser Transitfunktion war La Palma relativ isoliert vom Rest der Welt. Mitunter störten Piraten die Ruhe der Insulaner. Einige kleinere Kastelle in der Hauptstadt erinnern an diese Zeit.

Der Handel mit Zucker, Wein, Kartoffeln und Zwiebeln brachte zunächst nicht den entscheidenden kulturellen Austausch mit anderen Ländern. Erst der Anbau der Banane, im 19. Jh. von Engländern begonnen, öffnete die Insel mehr und mehr für neue Ideen. Doch die Palmeros behielten lange ihre Identität, die mit den neuen Kommunikationsmöglichkeiten und dem Tourismus langsam aufgeweicht wird. Der frühe Tourismus begann etwa um 1960.

Die meisten Palmeros sind zurückhaltend, oft *tímido,* was schüchtern oder scheu bedeutet. Dies mag die Folge jahrhundertelanger Fremdbestimmung durch Großgrundbesitzer und Statthalter der fernen Regierung in Madrid sein (heute haben die Kanaren Autonomiestatus). Das zurückhaltende Wesen der Insulaner bedeutet jedoch nicht, dass sie unfreundlich im Umgang mit Touristen wären. Spricht man Einheimische, womöglich in ihrer eigenen Sprache, an, so erweisen sie sich meistens als freundlich und hilfsbereit, begierig, über ihre Heimat zu erzählen.

Auf La Palma wird der Tourist auf noch nicht vollends zerstörte Strukturen treffen. Dazu gehört

> *Mitunter störten Piraten die Ruhe der Insulaner*

AUFTAKT

auch die Ruhe, mit der Geschäfte abgewickelt, Bankkunden bedient und Auskünfte erteilt werden. Dank intensiver Förderung seitens der Behörden werden traditionelle Künste und Gebräuche gepflegt, die nicht zu bloßem Touristenspektakel verkommen sind. Die jahrhundertealten Traditionen der Seidenspinnerei, Weberei, Stickerei und Korbflechterei sind lebendig und werden hauptsächlich von Frauen betrieben. Die Männer drehen Zigarren, stampfen mit den Füßen den Most aus den Trauben, töpfern und bearbeiten das Land. Alle gemeinsam pflegen eine ins Gemüt gehende Folkloremusik, feiern zahlreiche Feste, besuchen Viehmärkte, veranstalten ausgelassene sonntägliche Picknicks mit der Familie, nehmen an feierlichen Prozessionen teil und zeigen ihren Stolz auf die kanarische Heimat. Zur kulturellen Eigenständigkeit gehören auch die jahrhundertealten Kirchen, die Bürgerhäuser in den größeren Orten, die Kolonialbauten in der Hauptstadt, die Landsitze und Weinbodegas, die sich in den Feldern ducken. Doch aus Europa kommende Verordnungen könnten die insularen Eigenarten bald glätten. Es ist wohl eine Frage der Zeit, wann der Kaufmann an der Ecke den Wein nicht mehr vom Fass verkaufen darf, wann der vom Bauern noch per Hand gefertigte Ziegenkäse in Folie eingeschweißt werden muss. Auch die bemerkenswerten Bemühungen der örtlichen Behörden, die touristische Infrastruktur zu verbessern, gelingen manchmal allzu perfekt und am Geschmack von Naturpuristen vorbei. Eine ökologische Bewegung auf der Insel versucht gegenzusteuern, wo es angebracht erscheint. Ihr ist es zu verdanken, dass nicht jede Idylle in eine Touristenattraktion verwandelt wird und die auch auf den Kanarischen Inseln bestehenden Gesetze zum Naturschutz einigermaßen befolgt werden.

> **»** *Traditionelle Künste und Gebräuche werden gepflegt* **«**

Tauschhandel auf Palmerisch

Steine gegen Wein, Farbe gegen Kartoffeln

Über Jahrhunderte war La Palma eine arme Insel. Da das Geld knapp war, wurden Waren mit den Schiffen getauscht, die La Palma auf dem Weg nach Amerika anliefen, um Zucker oder Wein an Bord zu nehmen. So sind die Basaltsteine der Calle O'Daly in Santa Cruz Ergebnis eines Tauschhandels mit Schiffen, die diese Steine als Ballast bis nach La Palma mitführten. Ebenso verhält es sich mit den Hausfarben, die heutzutage zwar neu sind, jedoch einer im Tauschhandel geborenen Tradition entspringen. Farbe war teuer, so tauschte man Schiffsfarbe gegen Kartoffeln, und es enstanden die ungewöhnlichsten Hausanstriche.

STICHWORTE

Von Bananen und Pinien

La Palma ist ein grünes Paradies. Darüber und über vieles mehr informiert Sie ein Kenner der Insel

Architektur

Die kanarische Architektur hat natürlich auch La Palma ihren Stempel aufgedrückt. Macht man eine grobe Unterscheidung nach städtischer und ländlicher Bauweise, so ist erstere mehr vom iberischen Festland bestimmt, von Andalusien, Portugal und Galicien. Besonders in Santa Cruz sind wohlproportionierte, kühle Innenhöfe in diesem traditionellen Stil erbaut worden: mit Holzgalerien und typischerweise sehr hohen Fenstern mit metallenen Balkongittern.

Die ländliche Bauweise wurde vom Klima und den vorhandenen Materialien traditionell beeinflusst. Das Ergebnis waren die typischen kanarischen Häuser, denen man auf La Palma immer noch auf Schritt und Tritt begegnet. Sie haben mächtige Steinwände, kleine Fenster, niedrige Türen, Dachziegel nach arabischer Art und im Innern die hölzernen Walmdecken. In den Räumen lebt man wie unter einem Zelt. Da die Mehrzahl der Palmeros nie besonders wohlhabend war,

musste sich die normale Familie oft mit zwei kleinen Räumen begnügen. Wer mehr Geld hatte, konnte sich ein zweistöckiges Haus mit hölzerner Außentreppe und Balkon leisten.

Bananen

Zu Beginn des 19. Jhs., als eine Krise den Anbau von Zuckerrohr in den Hintergrund drängte, begann eine englische Gesellschaft mit dem Anbau der krummen Frucht. Weite Gebiete an den Küsten der Insel wurden terrassiert, über Rohre wurde Wasser herangeführt. Nach und nach entstand eine Monokultur, die für viele Jahrzehnte rentabel war. Bis heute werden auf etwa 3000 ha rund 150 000 t Bananen im Wert von fast 1 Mio. Euro produziert. Die Kosten sind hoch, weil auf den oft engen Terrassen keine Maschinen eingesetzt werden können. Aktuell ist der Markt in der Krise, und nur Subventionen, die noch bis 2006 laufen, verhindern das Schlimmste. Die Produktion soll auf 120 000 t begrenzt werden.

Fauna

La Palma hat keine großen Wirbeltiere – sieht man einmal von den

Zur Pflanzenvielfalt auf La Palma gehört natürlich auch die vielerorts wachsende Banane

Palmen gibt es viele auf La Palma

für die Jagd eingeführten Mufflons und den Kaninchen ab. Über die Felsen huschen Reptilien wie verschiedene Eidechsen- und Salamanderarten. Schlangen gibt es nicht. Die *araña mamona,* eine versteckt lebende Spinnenart, ist das einzige giftige Tier auf der Insel. Ihr Biss ist schmerzhaft, jedoch für den Menschen harmlos. In den Bergen fliegen kleine Tauben umher, und es gibt die *graja,* einen dohlenähnlichen Vogel mit roten Füßen und gleichfalls rotem Schnabel, der nur auf La Palma vorkommt. Zum Vogel des Jahres 1995 wurde übrigens die Silberhalstaube *(Columba bollii)* gekürt. Sie lebt nur noch auf den Kanaren.

Flora

Auf La Palma wachsen in relativ enger Nachbarschaft subtropische und alpine Pflanzen. Etwa 1800 verschiedene Arten gibt es auf den Kanaren, seit der Conquista sind 600 aus allen Erdteilen eingeführt worden. La Palma allein hat 40 endemische Arten. Urig ist der Drachenbaum, ein Liliengewächs mit einer Höhe bis zu 20 m und einem Alter bis zu 3000 Jahren. Die Palmenarten sind Legion, und dem Laien fällt es schwer, einzelne zu unterscheiden. In den Trockenzonen und auf den Lavafeldern entwickelt sich im Frühjahr ein Blütenmeer, und zwischen den Pinien der mittleren Zone wachsen Farne und Pilze. Es gibt zahlreiche Sukkulenten. Viele Kakteen tragen saftige Früchte, andere blühen still vor sich hin. Maulbeer- und Feigenbäume ächzen im Sommer unter der Last ihrer Früchte. Im November werden die Maronen geerntet. Hinzu kommen die verschiedenen Früchte wie Papayas, Zitrusfrüchte, Mangos, Aprikosen, Pfirsiche, Bananen, Avocados, Ananas, Guaven, *peramelones,* Passionsfrüchte, Kaffee …

Folklore und Musik

Auf La Palma lebt die Folklore in den Menschen. Sie kehrt in die abendlichen Bodegas ein, mit spontanen Singversen, den *coplas,* und lebt auf den Volksfesten in den Dörfern mit Trachten und Musik. Die *coplas* spiegeln das Leben auf dem Land wider – mit seinen Freuden und Traurigkeiten. Die Volksmusik ist stark vom spanischen Mutterland beeinflusst, vermischt mit Zugaben aus Kuba und Venezuela. Neben Gitarre, Trommel, Flöte und Akkordeon spielt auch ein rein kanarisches Instrument eine Rolle, das *timple.* Das ist eine kleine, vier- oder sechssaitige Gitarre mit bauchigem Klangkörper.

Heutzutage ist nicht alles Folkloremusik, was so klingt. Die Musik unterliegt ständig Einflüssen und Entwicklungen, die ihrem ursprünglichen Charakter nicht immer gut tun. Viele Bands haben sich der ursprünglichen Folklore angenommen und sie für den Geschmack der neuen Zeit bearbeitet.

STICHWORTE

Damit ist immerhin zu ihrem Überleben beigetragen worden.

Guanchen

Ein Guanche war ursprünglich »ein Mensch von Teneriffa«; *guan* bedeutet abstammen, *chinech* bedeutet Teneriffa. Heute werden die Urbewohner aller Kanarischen Inseln Guanchen genannt. Man vermutet ihren Ursprung in Nordafrika. Endgültig geschlagen wurden sie 1496, und die spanischen Conquistadoren gingen hier mit gleicher Grausamkeit vor wie in ihren amerikanischen Kolonien. Der letzte palmerische Guanchenkönig war Tanausú. Er trat in den tödlichen Hungerstreik, als man ihn nach Spanien bringen wollte.

Die Guanchen waren ein überwiegend in Höhlen lebendes Volk. Sie ernährten sich von Ziegen und Schafen und von *gofio,* einem gerösteten Getreidemehl, das noch heute unter der Landbevölkerung zur täglichen Ernährung gehört.

Herzlich wenig haben uns die Guanchen hinterlassen. Auf La Palma gibt es einige Steinzeichnungen, die Petroglyphen, und darüber hinaus allerhand Fragmente ihrer Töpferkunst und ihrer Werkzeuge. Doch viele Sitten und Gebräuche haben Guanchenwurzeln, so beispielsweise der *zurrón,* der Beutel aus Ziegenhaut, in dem der Landmann seinen *gofio* walkt. Und auch die *lucha canaria,* der kanarische Ringkampf, stammt aus der Guanchenzeit.

Indianos

Bis in die Mitte des 20. Jhs. emigrierten zahlreiche Kanarios nach Amerika. Bevorzugte Länder waren Venezuela und Kuba. Über 3 Mio. Nachkommen kanarischer Einwanderer sollen heute in Amerika leben. Einige kamen zurück. Die es zu Geld gebracht hatten, kreuzten plötzlich mit amerikanischen Autos auf und imponierten ihren Landsleuten mit dem gemachten Vermögen. Man nannte sie *Los Indianos*. Sie prägten eine ganze Kultur, bauten sich großartige Häuser die an die vorübergehende Heimat in der Karibik erinnerten, wie sie z. B. in Los Llanos noch zu sehen sind. Im palmerischen Karneval ist ihnen am Rosenmontag ein ganzer Tag und eine Nacht gewidmet: der Tag der Indianos. In dieser Nacht kleidet man sich komplett in Weiß, trägt Strohhüte und ausgestopfte Papageien auf der Schulter und raucht Zigarren, wie man es aus Kuba kennt.

Beispiel einer Steinzeichnung

Landwirtschaft

Die Landwirtschaft war immer und ist noch heute die Basis des palmerischen Wirtschaftsaufkommens. Steile Berge, schlechte Böden und starke Winde sind die naturbedingten Schwierigkeiten dieses Wirtschaftszweigs. Das Auf und Ab der Weltmärkte und politische Veränderungen beeinflussten in der Vergangenheit zusätzlich die palmerische Landwirtschaft. Ein Beispiel dafür ist der Niedergang des Zuckerrohranbaus wegen einer rentableren Produktion in anderen Ländern.

Lucha canaria

Wenn in den Bars die Männer einem sportlichen Ereignis auf dem Fernsehschirm folgen, dann kann es nur Fußball oder der heimische Ringkampf sein. Er wird auf allen Inseln gepflegt, und es gibt so etwas wie eine Oberliga. Es ist eine typische kanarische Sportart, die in einer Mannschaftsstärke von zwölf Kämpfern ausgetragen wird. Es ringen immer zwei miteinander, und zwar in einem Kreis von 9 bis 10 m Durchmesser. Verloren hat derjenige, dessen Körper (außer den Beinen) zuerst den Boden berührt.

Strände

Es gibt vier offizielle Strände, einen bei *Los Cancajos* – auch für Kleinkinder geeignet –, den Strand von *Tazacorte,* den Hafenstrand von *Santa Cruz* und den Strand von *Puerto Naos.* Südlich davon liegt *Charco Verde,* und wer es unbedingt FKK braucht, kann das in *Las Monjas* haben. Ein sehr lebendiger, auch für Surfer geeigneter Strand ist *Playa Nueva* bei Puerto Naos. Ansonsten gibt es einige versteckt liegende Buchten, die oft schwer zugänglich sind. Bequem erreichbar sind die Badebuchten beim Leuchtturm von Fuencaliente, südlich vom Flughafen und nördlich der Hauptstadt bei Puntallana. Eine schöne, am Wochenende jedoch oft überfüllte Schwimmgelegenheit sind die Naturschwimmbecken *Charco Azul* bei San Andrés und weiter nördlich die Naturschwimmbecken *La Fajana* bei Barlovento. Vorsicht ist geboten, der Atlantik ist nicht die stille Ostsee und kann tückisch sein. Eine rote Flagge am Strand bedeutet: nicht baden; gelb heißt: bedenklich; grün signalisiert: unbedenklich.

Tourismus

Seit 1990 ist bei den palmerischen Behörden eine verstärkte Hinwendung zum Tourismus festzustellen. Man hat erkannt, dass er für die palmerische Wirtschaft eine immer wichtigere Rolle spielt, auch angesichts der Probleme im landwirtschaftlichen Sektor (Bananenkrise). Die Antwort darauf schien einerseits in einer verbesserten Infrastruktur, andererseits in der Besinnung auf traditionelle Werte zu liegen. Ein reger Bauboom setzte ein, nicht immer zur Freude aller Einheimischen. Straßen wurden erweitert, Tunnel sollten sie verkehrssicherer machen, im Norden wird an imposanten Brücken gebaut, die die Schluchten überspannen werden. In der Hauptstadt wurde die Calle O'Daly neu gepflastert, die Plaza España mit italienischen Platten belegt. In Tazacorte wird ein Hafen gebaut, der den Verkehr vom Hafen Santa Cruz abziehen wird. Eine zweite Tunnelröhre durch die Cumbre soll eine raschere Verbin-

STICHWORTE

dung zwischen Ost und West schaffen. Zudem erinnerte man sich palmerischer Traditionen, um den Tourismus attraktiver zu machen. Es gibt neue Museen, wie das Seidenmuseum in El Paso oder das Weinmuseum in Las Manchas. Mühlen und Herrenhäuser werden renoviert, alte Kirchen strahlen in neuem Glanz. Jedes noch so geringe Andenken an alte Zeiten wird beschildert, den Touristen zuliebe dreisprachig. Wanderwege werden gepflegt und beschildert, wie es die europäische Norm verlangt. Volksfeste werden organisiert, es wird mehr Geld für kulturelle Veranstaltungen ausgegeben. Wann der Flughafen vergrößert wird, ist da nur noch eine Frage der Zeit.

Wein

Schon im 16. Jh. wurde am englischen Hof Wein von den Kanaren, besonders der Malvasía von La Palma, getrunken. Er wurde vom Hafen im heutigen San Andrés verschifft. Politische Widrigkeiten jedoch verschlossen die Märkte für den kanarischen Wein, Krankheiten dezimierten die Rebfläche, und durch die Emigration nach Amerika lag das Land brach.

Heute bauen die Palmeros auf kleinen Flächen Wein an. Die Weinbauern stellen ihn in erster Linie für sich selbst her, es sei denn, sie sind einer der wenigen Kooperativen auf der Insel angeschlossen. Die Weine, meist Rotweine, jedoch zusammen mit weißen Trauben gepresst, sind leicht und trocken. Was der kleine Nebenerwerbswinzer übrig hat, geht in Bars, zu Privatleuten oder zu Kaufmannsläden. Der Bedarf an heimischem Wein, dem *vino del país,* ist kaum zu decken. Hinzu kommt, dass Festlandswein weitaus billiger ist als der La-Palma-Wein, sodass viele Bars letzteren nicht führen.

Einer der vier offiziellen Strände liegt bei Tazacorte im Westen der Insel

ESSEN & TRINKEN

Speisen
wie ein Palmero

**Die palmerische Küche ist einfach,
doch sie wartet mit manchen Überraschungen auf**

Sonntags ist der Tag der palmerischen Familie. Dann gehts hinaus in die Natur, ans Meer oder in die Berge; oder zu einer Fiesta, die irgendwo läuft. Unterwegs wird eingekehrt in einem Restaurant, einer Bar oder im *kiosco,* der offenen Bretterbude am Meer mit frischem Fisch, heißen Kartoffeln und kühlem Wein.

Während der Woche bleibt die Familie am heimischen Herd, und in den Bars und Restaurants sieht man allenfalls Jungverliebte, Freunde, Geschäftsleute oder Junggesellen essen. Man kann nicht sagen, dass die Palmeros verwöhnte Feinschmecker sind. Die palmerische Küche ist wenig variantenreich. Kartoffeln sind konstantes Element der Gerichte. Wichtig für die Insulaner ist ein gutes Stück Fleisch. Schwein ist typisch, aber auch Huhn, Kaninchen und Ziege sind beliebt. Sie werden gebraten oder gegrillt, Huhn auch im Tontopf gegart, zusammen mit einer pikanten Sauce. Fisch hat auf La Palma seinen Preis, und die Palmeros essen ihn allein schon deshalb weniger häufig, als man es von einer Insel vielleicht erwarten mag.

La Palmas Küche ist einfach

Am sehnlichsten erwarten die Palmeros bei nahezu jedem Essen das Dessert. Es scheint, als könne es nicht süß genug sein. An erster Stelle steht der *flan,* ein Pudding in Karamellsauce, der hausgemacht wirklich am besten schmeckt.

Neue palmerische Küche

Jeder kennt sie: das hart gefrorene Butterstückchen und das lasche Brötchen, unabdingbarer Auftakt für ein Menü auf La Palma, ein Affront für die einheimische Küche. Die, so scheint es, wird auf dem Altar des raschen Gewinns geopfert. Glaubt man, dem fremden Gast so authentische Gerichte wie *revoltillo, gofio, puchero, caldo de pescado, torta de calabaza* nicht zumuten zu können? Mit dem Tourismusboom sind Restaurants wie Pilze aus dem Boden geschossen. Im Hoffen auf das schnelle Touristengeld hat manch neuer Wirt vergessen, kochen zu lernen. Das Resultat sind blasse Farmhühnchen, trockene Tiefkühlpizzas, schlecht geschnittene Allerwelts-Fleischgerichte, Friteusenfisch und Nachtisch aus der Dose.

Es ist unser Bemühen, gerade auf solche Restaurants hinzuweisen, die, wenn sie nicht schon pal-

19

Spezialitäten auf La Palma

Lassen Sie sich diese Köstlichkeiten gut schmecken!

Comidas (Speisen)

almendrados – Mandelplätzchen mit sehr viel Zucker und Eiern

bienmesabe – ein Dessert, bestehend aus Mandeln, Honig und Creme; sehr süß

cabrito und conejo – Zickleinbraten bzw. Kaninchen; in der Pfanne gebraten und mit roter *mojo* und *papas fritas*, Pommes frites, gereicht

escachón – ein Gericht aus gekochten Kartoffeln, die mit Schweineschmalz, Öl, *mojo* und geriebenem Käse vermischt werden. Wird kaum in Restaurants angeboten.

gofio – das geröstete Mehl aus verschiedenen Getreidearten wird entweder zu den Speisen gereicht oder ist, in Verbindung mit Bananen, Honig, Milch oder Wasser, ein Gericht für sich. Bei den Einheimischen gehört es zur Küche, in Restaurants wird es kaum angeboten.

mojo – eine Sauce, die zu vielen Gerichten gereicht wird. Es gibt sie in roter *(rojo)* und grüner *(verde)* Form, pikant oder mild. Basis ist roter Paprika, Knoblauch, Öl, Essig und, bei der grünen Variante, Koriander. Letztere wird zu Fisch gegessen.

papas arrugadas – »runzlige« Kartoffeln. Sie werden in Salzwasser gekocht und schrumpfen dadurch. Man isst sie besonders zu Fischgerichten.

puchero – ein dicker Eintopf aus allem, was der Garten bietet: Kohl, boniato, Kartoffeln, Mais, Kürbis, Kichererbsen. Hinzu kommt eine Portion Fleisch oder harte Würste.

revoltillo – in Schweinemagen gekochte Mischung aus Gemüse und Fleisch, oft mit Rosinen. In Restaurants kaum erhältlich.

vieja a la plancha – eine Art Papageienfisch, der am besten auf einer heißen Platte *(a la plancha)* gegart wird. Dazu werden *papas arrugadas* mit grüner *mojo* gereicht.

Bebidas (Getränke)

café con leche – Milchkaffee

café solo – Espresso

carajillo – Kaffee mit Cognac

cerveza – Bier

cortado – kleiner Kaffee mit Milch oder Kondensmilch *(leche condensada)* im Glas

zumo de naranja – frisch gepresster Orangensaft

ESSEN & TRINKEN

merisch kochen, zumindest professionell arbeiten – Service inklusive.

Bars

Wenige Touristen kehren in die Bars ein, sei es wegen des nicht immer zum Essen einladenden Ambientes aus nackten Tischen, laufendem Fernseher und klimpernden Spielautomaten, oder sei es, weil eine Küche dort nicht vermutet wird. Dabei sind die Bars durchweg preiswerter als Restaurants, und die wenigen angebotenen Gerichte sind hausgemacht. *Tapas,* die kleinen pikanten Happen, sind überall zu finden. Eine Spezialität sind *chicharrones,* in *gofio* gewälzte Speckgrieben, die warm am besten schmecken. Aber auch Ziegenkäse, Oliven, *tortilla española* (Kartoffelomelett), *pulpo en vinagreta* (sauer eingelegter Krake), *jamón serrano* (luftgetrockneter Schinken) oder ein Teller frische Muränenstücke werden als Tapas serviert. Dazu trinkt man *vino del país,* oft noch vom Fass. Zahnstocher ersetzen manchmal die Gabel, weshalb man bei den Tapa-Gerichten auch von *para pinchar,* zum Picken, spricht.

Restaurants

Hier lassen sich zwei Arten unterscheiden: die nicht nur auf Tourismus eingestellten und die reinen Touristenrestaurants, letztere meistens in den entsprechend von Touristen frequentierten Zentren. Dort bekommen Sie etwa auch Schweinebraten mit Semmelknödeln und Sauerkraut. Bei den Restaurants, die eine überwiegend einheimische Klientel haben, gibt es natürlich ganz verschiedene Standards. Die einen haben dreisprachige Speisekarten, bei den anderen erscheint der Koch und sagt, was es gibt. Einige haben Fisch aus der Tiefkühltruhe, andere Tischdecken mit Brot und abgepackten Butterstückchen drauf, wie sie noch kurz zuvor im Flugzeug angeboten wurden.

Meistens ist das Angebot »kontinental«. Es gibt *solomillo* (Rinderfilet) mit Pommes frites, Hühnchen *(pollo)* gebraten mit Kartoffeln oder Fisch mit Salat. *Mojos* und *papas arrugadas* sind oft die letzten Reminiszenzen an die urpalmerische Küche. Vegetarier kommen in den Restaurants übrigens schwerlich auf ihre Kosten.

Parrilla

Wo dieses Schild auftaucht, gibt es Gegrilltes: Huhn *(pollo),* Kaninchen *(conejo),* Schwein *(cochino)* oder Ziege *(cabrito)* je nach Saison, auch Fisch – obwohl es für letzteren spezielle Lokale gibt. Die Parrillas sind oft rustikal mit einfachen Bretterverschlägen um jeden Tisch – das Zugeständnis an den Wunsch der Gäste, »unter sich« sein zu wollen.

Bodegón

Das ist ein Weinlokal mit verschiedenen, oft eigenen Weinen. Auch diverse Gerichten von Tapas bis zu Steaks werden angeboten.

Getrennt bezahlen

Wer mit Palmeros zum Essen ausgeht, wundert sich oft, daß die Rechnung bereits bezahlt ist, bevor man sie ordern kann. Für die Palmeros ist es eine Ehre, ihre Gäste auch einzuladen. Streit darüber ist zwecklos, und getrennt Bezahlenwollen ebenfalls, weil diese Sitte dem Kellner unbekannt ist und eine große Rechenanstrengung für ihn bedeutet.

EINKAUFEN

Stickereien und Zigarren

Auf La Palma begegnet Ihnen noch lebendiges Kunsthandwerk

La Palma – ein Garten Eden, aber kein Einkaufsparadies für die bekannt günstigen kanarischen Elektronikartikel, Juwelen und Kosmetika. Zwar gibt es das alles, in begrenzterer Auswahl als etwa auf Teneriffa oder Gran Canaria, doch ein Schnäppchen machen Sie hier nicht, und Ausgefallenes finden Sie eher daheim. Möchten Sie dennoch ein bisschen stöbern, finden Sie die Boutiquen, Schuhgeschäfte und Souvenirläden mit der größten Auswahl in Santa Cruz und Los Llanos. Die meisten Geschäfte schließen von 14 bis 17 Uhr und haben abends bis 20 Uhr geöffnet, samstags nur bis 14 Uhr.

Sollten Sie in den Ferien selber kochen wollen – in den größeren Gemeinden treffen Sie auf gut sortierte Supermärkte. Mitteleuropäische Lebensmittel wie Dosenwürstchen, Schwarzbrot und Bier gibt es dort inzwischen auch.

Auf dem Land führen die kleinen Läden, die manchmal wie Wohnstuben anmuten, Palmerisches: Ziegenkäse im Anschnitt, Kartoffeln und *boniato,* Bananen,

Eignet sich auch als Mitbringsel: hausgemachter Kräuterschnaps

getrocknete Feigen, *gofio,* Würste und Schinken, frische Brötchen und Wein vom Fass – kurz, alles, was man braucht, um sich selbst verpflegen zu können.

La Palma hat eine immer noch sehr lebendige Volkskunst, und man kann zusehen, wie Seide versponnen wird oder wie Tontöpfe gedreht und Zigarren gerollt werden. Etwa seit 1880 wird auf La Palma Tabak angebaut. Gleichzeitig kam die Kunst des Zigarrenrollens in Blüte. Sie wurde besonders von aus der kubanischen und venezuelanischen Emigration Heimkehrenden mitgebracht.

Schöne Mitbringsel sind auch die echt palmerischen Landerzeugnisse: Ziegenkäse, Rum, Feigen, Honig und Meersalz.

Das alles gibt es auf den Märkten in Los Llanos und Santa Cruz. Überhaupt halten die Märkte einige heimische Überraschungen bereit. Dazu gehören etwa Kräuter, *mojos,* hausgemachte Liköre, subtropische Früchte, Mandeln, Rosinen und getrocknete Feigen.

Eine Besonderheit sind die *ferreterías,* die Eisenwarenhandlungen – wahre Fundgruben für seltene, längst vergessene Haushaltswaren aus Blech, Holz und Leder.

Feste, Events und mehr

Auf La Palma werden Heilige gefeiert, Kühe prämiert und eine Sardine beklagt

Traut man dem Inselkalender, dann kommen die Bewohner aus dem Feiern gar nicht heraus. Mal ist es der Schutzheilige eines Dorfs, zu

Kirche von Las Nieves, Altar

dessen Ehre eine Fiesta stattfindet. Dann ist es die Ernte von Mandeln oder Wein, die Anlass zum Feiern gibt. Wegen der Vielfalt ist es unmöglich, sämtliche Feste, die oft nur auf lokaler Ebene stattfinden, aufzuzählen. Die angegebenen Termine sind variabel, oft wird das Fest auf den dem eigentlichen Tag nachfolgenden Sonnabend gelegt.

Auskunft über die exakten Termine erhalten Sie im Touristenbüro in Santa Cruz.

Gesetzliche Feiertage

1. Januar *Año Nuevo* (Neujahr); **6. Januar** *Los Reyes* (Heilige Drei Könige); **19. März** *San José;* **Karfreitag; 1. Mai** *Día del trabajo* (Tag der Arbeit); **30. Mai** *Día de Canarias* (Tag der Kanarischen Inseln); **25. Juli** *Santiago* (Schutzheiliger); **15. August** *Asunción* (Mariä Himmelfahrt); **12. Oktober** *Día de la Hispanidad* (Entdeckung Amerikas); **1. November** *Todos los Santos* (Allerheiligen); **6. Dezember** *Día de la Constitución* (Tag der Verfassung); **8. Dezember** *Inmaculada Concepción* (Mariä Empfängnis)

Lokale Feste
Februar
★ *Mandelblütenfest* in Puntagorda: Musik, Tanz und viel Wein. Prozession zu Ehren des Schutzheiligen Mauro Abad
★ *Karneval* in Santa Cruz und Los Llanos: zahlreiche Umzüge, Tanz in den Straßen, Musikbands; auch Veranstaltungen für Kinder. Am Aschermittwoch wird in Santa

Cruz in trauriger Prozession eine riesige Sardine zu Grabe getragen.

Mai
Fest des Heiligen Kreuzes am 3. Mai in Las Breñas zur Erinnerung des christlichen Schutzes bei der Eroberung der Insel. Die überall am Weg stehenden Kreuze werden prächtig geschmückt und später prämiert.

Insider Tipp: *Fronleichnamsfeier* in Mazo: Straßen und Plätze werden mit Teppichen aus Blumen und bunten Pflanzen geschmückt.

Juni
Insider Tipp: ★ *Viehmarkt* in San Antonio del Monte bei Garafía, 12./13. Juni: Viehschau, Viehprämierung, Tanz und endloses Trink- und Essgelage

Juli/August
Seit 1680 findet alle fünf Jahre das größte Inselspektakel statt, die ★ *Bajada de la Virgen* zur Erinnerung an die Schutzheilige, die in einer Dürreperiode der Insel rechtzeitig Regen schickte und auch sonst allerlei Wunder tat. Umzüge, Tänze, Prozession, Zwergentanz, Singspiele, Konzerte, Volkstanz in Trachten und kulturelles sowie sportliches Beiprogramm. Der nächste Termin ist 2005.

Juli
Nuestra Señora del Carmen in Tazacorte, 16. Juli. Fest zu Ehren der Schutzpatronin der Fischer. Große Prozession geschmückter Boote, Tanz und Umzüge

August
Weinlesefest in Fuencaliente mit Tanz, viel Wein und Umzügen; Ende August
Virgen del Pino in El Paso, letzte Woche im August. Die Schutzheilige wird in feierlicher Prozession von ihrer Kirche in den Ort getragen.

September
Anfang des Monats findet in Tijarafe das *Teufelsfest* statt. Erscheinung einer als Teufel verkleideten Person, die sich mit krachenden Feuerwerkskörpern in die Menge begibt. Tanz und Umzüge
Fest des Erzengels Michael in Tazacorte, Ende September. Zur Erinnerung an die Eroberung der Insel, die am Tag des heiligen Miguel stattfand. Umzüge, Tanz und das Spektakel der *caballos fufos,* bei dem eine Männergruppe mit Pferden aus Papier tanzt.

November
Sankt-Martins-Fest: In vielen Bodegas wird am 11. November der neue Wein angestochen.

Die caballos fufos in Tazacorte

DER NORDOSTEN

Tiefe Schluchten und fruchtbare Ebenen

Reich an Kontrasten und arm an Besuchern – der lang vergessene Nordosten

Der Nordosten war lange Zeit schwer zugänglich, die erste Asphaltstraße hat man erst in den 1950er-Jahren fertig gestellt. Tiefe Barrancos erschwerten bis dahin die Kommunikation der Menschen untereinander. Erst 1992 wurden im äußersten Norden die letzten Straßenbauarbeiten in Angriff genommen, die 2002 mit zahlreichen Tunnel- und Brückenbauten beendet werden. Der Nordosten hat den höchsten Jahresniederschlag. Bis über 1000 mm Regen fallen dort (in Santa Cruz nur 600 mm). Tiefe Schluchten durchziehen diesen geologisch ältesten Teil der Insel, die Wände sind schroff und fallen senkrecht ab. Dichte Lorbeer- und Pinienwälder erinnern an nordische Lande. Die Menschen leben von Landwirtschaft und Ziegenhaltung. Viel reicher dagegen ist die Gegend um Los Sauces. Früher wurde hier Zuckerrohr angebaut, heute Bananen, *ñames,* Kartoffeln, Zwiebeln und *boniato.* Der Reiz des Nordostens liegt in seiner urwüchsigen

Blick auf Santa Cruz und die umliegenden Berghänge

Detail eines Weihnachtssterns

Landschaft und im Kontrast, den sie zu den weiter südlich gelegenen Landwirtschaftszonen bietet.

SAN ANDRÉS Y SAUCES

[109 D–E3] Die Doppelgemeinde (5500 Ew.) ist der größte Ort im Nordosten. Die Menschen sind landorientiert, fleißige Bauern mit Stolz und großem Unabhängigkeitsbewusstsein. Zwischen beiden Dörfern gab es schon immer eine gewisse Rivalität. Ältere Einwohner berichten, dass die Leute von San Andrés immer besonders fein ge-

27

SAN ANDRÉS Y SAUCES

An der Plaza von San Andrés liegt die gleichnamige Kirche

kleidet waren und sich gebildet gaben, dafür aber nie Geld in der Tasche hatten. Die Sauceros hingegen seien zwar weniger gebildet gewesen, hätten jedoch immer volle Taschen gehabt. Der schönere und kleinere Ort ist San Andrés, neben Santa Cruz die älteste Ansiedlung der Insel. Es gibt dort eine schöne alte Kirche mit einer stillen Plaza und viele traditionelle kanarische Häuser. Los Sauces liegt oberhalb, etwa 300 m hoch. Von dort bietet sich ein phantastischer Blick nach unten zum Meer.

SEHENSWERTES

Iglesia de Nuestra Señora de Montserrat
Große Kirche mit Kunstschätzen der flämischen Epoche und Skulpturen aus dem 16. Jh. Auf dem Vorplatz blühen im Juni blaue Jakarandabäume. *Los Sauces, Hauptstraße, unregelmäßig geöffnet*

Iglesia de San Andrés
Die Kirche von San Andrés hat einige schöne barocke Gemälde aus dem 17. und 18. Jh. und Silberschmiedearbeiten. *San Andrés, Plaza, unregelmäßig geöffnet*

Wassermühle El Regente
Inside Tipp
Eine 1873 errichtete Kornmühle, die heute als Museum in Betrieb ist. Interessante Informationen. *Los Sauces, Calle Los Molinos, 33, Mo–Fr 10–18, So 11–17 Uhr; Eintritt 1,80 Euro*

ESSEN & TRINKEN

Bar Caribe
Ruhig gelegene Bar mit Restaurant, in dem heimische Küche geboten wird. *Los Sauces, oberhalb der Plaza, kein Ruhetag, €*

San Andrés
Hier kann man draußen sitzen, nämlich auf dem Kirchplatz. Fisch-

DER NORDOSTEN

gerichte, aber auch anderes aus heimischer Küche. *San Andrés, bei der Kirche, kein Ruhetag, €€*

EINKAUFEN

Insider Tipp

Rumfabrik

Kurz vor dem Hafen von Espíndola, von San Andrés kommend an der scharfen Linkskurve, befindet sich eine kleine Rumfabrik. Interessierte können den Abfüllvorgang verfolgen und die Anlage besichtigen – und natürlich Rum kaufen. Hauptproduktionszeit ist das Frühjahr.

ÜBERNACHTEN

Hotel Restaurant Palma Romántica

Oberhalb von Barlovento gelegen. Hier kann es schon relativ kühl sein. Tennis und Whirlpool,

deutschsprachige Leitung. *34 Zi., Barlovento, Tel. 922 18 62 21, Fax 922 18 64 00, €€€*

Pension San Andrés

Gehört zum gleichnamigen Restaurant. An der Kirche, einfach und ruhig. *2 Zi., Calle Plaza, 12, Tel. 922 45 16 24, €*

FREIZEIT & SPORT

Unterhalb von San Andrés, hinter der Bananenpackerei (ausgeschildert), liegt ★ *Charco Azul* mit seinen vom Meer abgetrennten Schwimmbecken. Besonders in der Woche herrscht wenig Betrieb. Es gibt Duschen, Umkleideräume, Plantschbecken und eine kleine *Bar (€)*. Das Baden im Meer selbst ist dort gefährlich. *Tagsüber geöffnet, Eintritt frei*

MARCO POLO Highlights »Der Nordosten«

★ **Santa Cruz**
Die Inselhauptstadt mit ihren kleinen Winkeln ist ein historisches Abbild La Palmas (Seite 31)

★ **Las Nieves**
In dieser kleinen Kirche steht die älteste Heiligenfigur der Insel, die alle fünf Jahre Mittelpunkt des größten Fests ist (Seite 39)

★ **La Galga**
Von der Montaña de La Galga hat man einen Rundblick über den Nordosten (Seite 39)

★ **Charco Azul**
Naturschwimmbecken hinter tosender Brandung (Seite 29)

★ **Los Tilos**
Tiefe Schlucht im Lorbeer- und Farnwald (Seite 31)

★ **La Fajana**
Ein verschlafener, urpalmerischer Weiler an der wilden Nordküste (Seite 30)

★ **Casas Roque Faro**
Dichte Wälder und Ziegen mit ihren Hirten (Seite 30)

SAN ANDRÉS Y SAUCES

Badespaß im Charco Azul

Wanderungen oder einfach für ein Verweilen unter hohen Lorbeerbäumen und Pinien. Die urige *Bar Los Reyes (€)* bietet als Spezialität oft Kaninchen und Ziegenbraten, dazu *vino de tea,* dem die Fässer aus dem Kernholz der Pinie einen harzigen Geschmack verliehen haben.

La Fajana [108 A2]
★ ☘ Von Franceses führt eine wildromantische, enge und steile Piste hinunter nach La Fajana auf Meereshöhe. Dort stehen nur eine Hand voll Häuser. Es gibt eine kleine Bananenpflanzung und einen von Bäumen beschatteten Strand unter der Steilküste, auf der die Bananenstauden wachsen. Die vielen in der Brandung liegenden Felsen lassen das Schwimmen hier jedoch nicht zu.

ZIELE IN DER UMGEBUNG

Barlovento [108 C2]
Der Ort liegt schon 500 m hoch. Hier beginnt der Weg in den nördlichsten Teil der Insel. Sie können auf der ehemaligen, jetzt ebenfalls geteerten Naturpiste Richtung Garafía fahren oder die neue Teerstraße nehmen, die in Barlovento rechts nach Gallegos führt und bei Roque Faro herauskommt (manchmal wegen Steinschlag gesperrt). Barlovento hat eine schöne Kirche, den *Templo de Rosario,* mit einem aus Sevilla stammenden, 1679 errichteten Taufbecken.

Casas Roque Faro [108 A3]
★ Einige Häuser, eine Bar und eine Pension mitten im Wald ca. 14 km von Barlovento in Richtung Garafía, am besten zu erreichen über die obere, alte Piste. Ausgangspunkt für

Franceses [108 A–B2]
Abgelegen und dem recht harten Nordwind ausgesetzt ist der Weiler Franceses. Hier wird auf kleinen Feldern Landwirtschaft betrieben, und im Schatten der Häuser sitzen die Männer und rauchen. In einer kleinen *Bar (€)*, eher ein Kaufmannsladen, gibt es Kaffee und Getränke – und einen Fernseher.

Laguna de Barlovento [108 C3]
Kurz hinter Barlovento, auf der alten Strecke in Richtung Garafía, gibt es einen Stausee. Hier befindet sich ein Freizeitgebiet mit Campmöglichkeit *(Mo–Fr 4,50 Euro pro Zelt, Sa/So 9 Euro).* Auch ein kleines *Restaurant,€,* hat geöffnet.

Naturschwimmbecken
La Fajana [109 D2]
Der ungefähr 4 km lange Weg ist am nördlichen Ende von Los Sauces

30

DER NORDOSTEN

ausgeschildert. Einige Schwimmbecken liegen hinter der von Felsen abgeteilten Ozeandünung, es stehen Duschen zur Verfügung, es gibt einen Campingplatz, ein Restaurant, *La Gaviota (€€)*, sowie Apartments: *Apartamentos La Fajana, Tel. 9 22 41 37 61, €€*

Puerto Espíndola [109 E3]
Der kleine Hafen unterhalb von Los Sauces hat schon belebtere Jahre gesehen – als es nämlich die Landstraße nach Santa Cruz noch nicht gab und die landwirtschaftlichen Produkte der Region mit kleinen Transportschiffen auf dem Wasserweg nach Santa Cruz geschafft wurden. Heute liegen nur wenige kleine Fischerboote dort. Dicht am Hafen steht das renovierte Restaurant *El Mesón del Mar (€€)*. Es gibt frischen, jedoch simpel zubereiteten Fisch und *pulpo* (Krake). Am Wochenende ist das Lokal ein beliebter Familientreff.

Los Tilos [108 C4]
★ Hier beginnen die Farn- und Lorbeerwälder, seit 1985 von der Unesco als Biosphärenreservat ausgezeichnet. Ein einfaches *Restaurant, €€,* und ein kleiner *Picknickplatz* unter mächtigen Lorbeerbäumen sind für eine Rast ideal. Daneben gibt es auch ein interessantes *Besucherzentrum, tgl. 8.30–17 Uhr*

SANTA CRUZ

 Karte in der hinteren Umschlagklappe
[113 D–E 2–3] ★ Einen Gesamtblick der Inselhauptstadt (18 000 Ew.) erhalten Sie, wenn Sie mit der Frühfähre aus Teneriffa kommen und langsam auf Santa Cruz zufahren. Die weißen Häuser strahlen am Ende des blauen Meers und vor der Kulisse der dunklen Berghänge. Das Schiff fährt direkt in die Stadt hinein. Die meisten Gäste kommen jedoch mit dem Flugzeug, und sie erleben ein ganz anderes Santa Cruz. Über eine neue, breite Avenida geht es in die Stadt. Schöne Bürgerhäuser, einige Kolonialbauten, Holzbalkone, Kirchen aus dem 16. Jh., kleine Plazas und Brunnen, die mit bescheidener Fontäne in uraltes Gestein plätschern. Santa Cruz lebt von Traditionellem: Die Stadt ist 1993 500 Jahre alt geworden. Es gibt viele *rincones,* verträumte kleine Winkel. Die Atmosphäre ist verschlafen und gelöst, nur der dröhnende Autoverkehr, der am Rand der Stadt zwischen

In den Lorbeerwäldern bei Los Tilos lässt es sich wunderbar Wandern

SANTA CRUZ

denkmalgeschützten Häusern und dem Meer entlangläuft, setzt einen anderen Akzent.

SEHENSWERTES

Avenida Marítima
Sonne, im Wind rauschende Palmen, der Geruch des nahen Ozeans und die Straßencafés auf dem belebten Gehweg geben der 🏃 Hauptdurchgangsstraße von Santa Cruz das Flair des Südens. Der Verkehrslärm ist ohrenbetäubend, aber für die Palmeros kein Anlass, sich hier nicht mit Freunden zu treffen, zu flanieren oder die morgendliche *copa* zu trinken. Weiter in Richtung Norden wird es etwas ruhiger. Eisenwarengeschäfte und Autozubehörläden lösen hier die Bars ab, und die meistfotografierte Meile der Inselhauptstadt, die unter Denkmalschutz stehenden Häuser mit ihren hölzernen Balkonen, säumen die Avenida Marítima.

Barco de la Virgen Santa María
Aus Zement erbaut, soll das »Schiff der Jungfrau« mit dem Namen »María« eine Nachbildung der Karavelle sein, die Kolumbus über den Ozean brachte. Im Unterdeck beherbergt sie ein kleines Schifffahrtsmuseum. *Hinter der Plaza Alameda, Eintritt 1 Euro*

Calle O'Daly
Im Volksmund heißt diese Straße auch *Calle Real*. Noch 1981 war sie eine Hauptverkehrsstraße. Seitdem die ganze Straße für den Autoverkehr gesperrt wurde, ist sie ein Reich der Fußgänger geworden. 2001 wurde sie neu gepflastert. Banken und Haushaltswarengeschäfte, Andenkenläden, Friseure, Bars und Boutiquen, kurz, alle, die auf Laufkundschaft aus sind, haben in dieser Straße ihre Geschäfte. Zudem stehen hier viele alte Stadthäuser mit manchem Durchblick in dicht bewachsene Hinterhöfe. Bei-

Holzbalkone denkmalgeschützter Häuser in der Avenida Marítima

DER NORDOSTEN

Die Bajada
Das größte Fest der Insel findet seit über 300 Jahren statt

Wenn der städtische Aufruf in der Zeitung erscheint, die Häuser nachzuweißen, wenn die Flüge von Venezuela nach La Palma über Monate ausgebucht sind und die kanarischen Musikgruppen besonders häufig üben, ist es wieder soweit. Die Bajada kommt, Ende Juni bis Anfang August. Santa Cruz gleicht dann einem Bienenstock, die Besucher reisen sogar aus Südamerika und natürlich von den anderen Kanarischen Inseln an. Eine gute Gelegenheit, den berühmten Tanz der Zwerge, Volkstrachten und kanarische Musik live zu erleben.
Als im Jahr 1676 eine große Dürre La Palmas Landwirtschaft niederdrückte, entsann man sich der Heiligen Jungfrau von Las Nieves. Die kleine Terrakottafigur wurde von Las Nieves hinunter in die Stadt getragen, um Regen zu erbitten. Und der kam! Seitdem wird diese Prozession, das Hauptereignis der Bajada, alle fünf Jahre wiederholt, das nächste Mal 2005.

spiel: *Casa Pinto* mit dem Büro der Trasmediterránea, *Calle O'Daly, 2*

Casa Consistorial (Rathaus)
Eines der herausragenden Gebäude der Stadt wurde 1560–63 gebaut. Für die Renaissancefassade mit schattigen Arkaden, dem Inselwappen und dem Wappen des österreichischen Hofs hat man Quader von La Gomera verwendet. Im Innern gibt es kunstvolle Holzvertäfelungen und am Treppenaufgang ein großes, von dem Maler Mariano de Cossío geschaffenes Wandgemälde mit Szenen aus dem palmerischen Landalltag. *Calle O'Daly in Richtung Norden, auf der rechten Seite der Plaza España, Mo–Sa 8–13 Uhr*

Casa Salazar
Dieses Haus, eher ein kleiner Palast, ist eine der vielen baulichen Hinterlassenschaften der großen palmerischen Familien. Das Gebäude im Stil der Kolonialzeit mit seiner strengen Fassade aus Quadersteinen wurde zwischen 1631 und 1642 gebaut. Der stolze Palast war eine Mitgift zur Hochzeit zwischen Don Ventura Salazar de Frias, einem der Granden La Palmas, und Doña Leonor de Sotomayor van Dale, einer Dame aus ebenso reichem Geschlecht. Inzwischen renoviert, kann man im Innern einen großzügigen Hof und mehrere Stockwerke mit kanarischen Holzdecken und -geländern bewundern. In diesem vornehmen Ambiente finden oft Ausstellungen statt. Das Touristenbüro der Insel hat hier seinen Sitz. *Calle O'Daly, 22, Mo–Fr 10–13 und 17–19, Sa 10.30–13 Uhr*

Castillo de Santa Catalina
Nachdem der französische Pirat François Le Clerc die Stadt überfal-

33

Santa Cruz

len, geplündert und teilweise niedergebrannt hatte, machte man sich daran, zum Schutz gegen die notorischen Piratenüberfälle eine Festung zu errichten. Der erste, der die Wirkung der Festungskanonen zu spüren bekam, war Francis Drake. Ihm wurde ein Schiff aus seiner Flottille herausgeschossen. *Avenida Marítima, zurzeit geschl.*

Iglesia El Salvador (Erlöserkirche)

Gegenüber dem Rathaus steht die im Renaissancestil erbaute Hauptkirche der Stadt (16. Jh.). Neben vielen äußeren Details – die steinernen Köpfe über dem Portal z. B. stellen die Häupter von Petrus und Paulus dar – hat die Kirche im Innern bedeutende Kunstschätze wie Gemälde und Skulpturen. Die Decke im schönsten Mudejarstil ist die prächtigste auf den Kanarischen Inseln. [Inside Tipp] *Tagsüber geöffnet, Eintritt frei*

Iglesia de San Francisco

Oberhalb der *Plaza Alameda* steht die Kirche des heiligen Franziskus. Sie wurde zusammen mit dem anliegenden Kloster 1508 auf Anordnung der spanischen Königin Juana errichtet. Viele flämische Gemälde und Skulpturen aus dem 16. und 17. Jh. sowie die traditionelle kanarische Innenarchitektur gehören zu den Schätzen dieser Kirche. Sehenswert ist der sich anschließende Klosterkonvent, wo das *Inselmuseum* untergebracht ist. *Unregelmäßig geöffnet*

Iglesia de Santo Domingo

Einen Block oberhalb der *Calle O'Daly* steht eine weitere bedeutende Kirche, ebenfalls aus dem 16. Jh. Sie besitzt auf der Insel die größte Sammlung barocker Skulpturen und flämischer Gemälde, u. a. von Ambrosius Franken. Auf dem Vorplatz finden oft Konzerte von Folklore bis Rock statt. *Calle Apurón, unregelmäßig geöffnet*

Mercado (Markthalle)

Sie hat nicht die Farbenpracht anderer Märkte, aber man kann sich hier einen guten Überblick über das Angebot an Gemüse, Früchten, Käse, Fleisch und Fisch verschaffen. Die umliegenden kleinen Geschäfte mit ihrer Stammkundschaft und dem Palaver zwischen Verkäufer und Kunde sind ein letztes Stück Vor-Supermarkt-Zeit. Freitags und sonnabends wird vor der Halle ein kleiner Blumenmarkt abgehalten. *Avenida del Puente, tgl. außer So 8–14 Uhr*

Mudejardecke der Erlöserkirche

DER NORDOSTEN

Die MARCO POLO Bitte

Marco Polo war der erste Weltreisende. Er reiste in friedlicher Absicht, verband Ost und West. Er wollte die Welt entdecken, fremde Kulturen kennen lernen, nicht zerstören. Könnte er heute für uns Reisende nicht Vorbild sein? Aufgeschlossen und friedlich sollte unsere Haltung auf Reisen sein. Dazu gehören auch Respekt vor Mensch und Tier und die Bewahrung der Umwelt.

Oberstadt
Insider Tipp

Selten verirren sich Touristen in das Gebiet oberhalb der *Calle O'Daly*, die engen Gassen hinauf. Die Straßen *San Telmo, la Luz* oder *Nogales* und die vielen Verbindungsgässchen zwischen ihnen sind durchaus einen Besuch wert. Hier gibt es kleine Nachbarschaftsläden, stille Plätzchen, dicke Katzen, flatternde Wäsche und die Düfte der palmerischen Küche. Alles ist sehr anmutig. An einem Platz am Ende der Calle de la Luz liegt die 1550 erbaute ❧ *Ermita San Telmo*.

Plaza Alameda

🏃 Ein Platz zum Ausruhen, am Ende der *Pérez-Brito-Straße*. Ein kleiner Kiosk bietet Kaffee und anderes, hohe Bäume spenden Schatten. Der Platz liegt etwas erhöht, sodass man vom unmittelbaren Autoverkehr verschont ist. Er ist auch ein guter Ausguck für die Karnevalsumzüge, die hier beginnen bzw. enden. Auf der Südseite steht ein Gedenkstein mit Kreuz zur Erinnerung an den endgültigen Sieg über die Guanchen 1493.

Plaza España

Der Platz bekam 2001 einen neuen Boden aus italienischen Platten. Auf der Ostseite steht das Rathaus hinter einer Reihe von Königspalmen, gegenüber die Erlöserkirche. Der in Stein erstarrte Herr in der Mitte des Platzes ist Manuel González Días, der als Mönch viel zur palmerischen Kultur beigetragen haben soll.

Quinta Verde
Insider Tipp

Herrenhaus aus dem 17. Jh. mit wunderschönen Kassettendecken. *Avenida El Puente, am Ende oben links, tgl. 10–13 und 15–18 Uhr*

Stierkämpferdenkmal

Dem aus Garafía stammenden José Mata gewidmet, aus dem ein bekannter Torero wurde. *Plaza José Mata, Avenida El Puente*

Weihnachtssingerdenkmal

Es erinnert an den kanarischen Brauch des Weihnachtssingens und zeigt drei Protagonisten mit ihren Instrumenten. *Calle Diaz Pimiente Ecke Anselmo Pérez de Brito*

MUSEEN

Museo Insular
Insider Tipp

Das Inselmuseum zeigt einen Querschnitt der palmerischen Kultur. Am interessantesten ist die volkskundliche Abteilung. Hier sieht man die Arten palmerischen Kunst-

SANTA CRUZ

Das Museo Naval im Nachbau der Kolumbus-Karavelle zeigt Maritimes

handwerks im Modell: Seidenweben, Töpfern, Strohflechten, Zigarrendrehen usw. So informiert, werden Sie die Insel viel bewusster erleben. *Plaza San Francisco, Juli bis Sept. tgl. 9–14, sonst Mo–Fr 9.30–13.50 und 16–18, Sa 10–12 Uhr, Eintritt 1,80 Euro*

Museo Naval
Das Museum im Bauch der »Maria«, dem Nachbau des Kolumbusschiffs, zeigt Seekarten, Schiffspläne, Bilder und Geräte aus der Seefahrt. *Mo–Fr 9.30–14 (Juli–Sept. bis 14.30) Uhr, Eintritt 1 Euro*

ESSEN & TRINKEN

Bar Slogan
Insider Tipp
Eine lebendige Bar mit guten Tapas und gemischtem Publikum. Man kann draußen sitzen. *Avenida Marítima, 24, kein Ruhetag, €€*

La Bodeguita del Medio
Insider Tipp
Schinken, Käse und Wein werden hier bis morgens um 2 Uhr serviert. *Calle Alvarez de Abreu, 58, So geschl., €*

Los Braseros
Insider Tipp
Bar Restaurante in Mirca, Richtung Observatorium (ausgeschildert). Typische kanarische Speisen, rustikal. *Mirca, Hauptstraße zum Roque, Di geschl., €€*

Cafetería Cosmos
Wen nicht die seltsame Ausstattung abschreckt, findet gute venezolanische *arepas. Avenida Marítima, 70, Di geschl., €*

Casa del Mar
Großes Fischrestaurant. Hier bekommen Sie Fisch in allen Variationen. *Avenida Bajamar, 14 (vorm Stadttunnel), So geschl., €€€*

El Faro
Eines der ältesten Restaurants in Santa Cruz. Kanarische Gerichte, auch Fisch. Gemütliche Atmosphäre. *Avenida Marítima, 27, So geschl., €€*

DER NORDOSTEN

La Lonja
Kanarische Gerichte im schönen Innenhof eines alten Hauses. *Avenida Marítima, 55, So geschl.*, €€

Papirusa
Eine alte palmerische Bar, inzwischen mit modernisierter Einrichtung. Service und Tapas sind so gut wie früher. *Avenida Marítima, kein Ruhetag*, €

Pizzeria Alameda
Hier gibts Pizza und Nudelgerichte. Wird von Österreichern geführt, gemischt palmerisch-touristisches Publikum. *Plaza Alameda, Do geschl.*, €€–€€€

La Placeta
Das Café und Restaurant liegt in einem alten kanarischen Haus am Rand eines kleinen Platzes. Treffpunkt vieler Touristen. *La Placeta, Calle Pérez Brito, kein Ruhetag*, €€

El Pulpo
Bretterbude am Strand, kanarische Küche, ==camarones (Krabben) als Tapas.== Gemischtes Publikum. *Playa de los Cancajos, Mi geschl.*, €€

Insider Tipp

Ristorante Sadi
Gekocht wird mit frischen Zutaten von der Insel, gutes Preis-Leistungs-Verhältnis. Gemischtes palmerisch-touristisches Publikum. *Los Cancajos, Urbanización La Cascada, So geschl.*, €€

Insider Tipp

Tajurgo
Hier ist es zu jeder Tageszeit lebendig. In der großen Bar gibt es Tapas und andere kleine Gerichte. Das Personal ist äußerst routiniert. *Gegenüber der Markthalle, kein Ruhetag*, €

EINKAUFEN

Artesanía Sanlupe
Große Auswahl an palmerischem Kunsthandwerk, Spezialitäten, Zigarren, Wein und Rum. *Avenida Marítima, 14, Calle O'Daly, 50 und Pérez de Brito, 9*

Librería Trasera
Insider Tipp

Schöne kleine Buchhandlung mit einem breiten Angebot. *Calle Alvarez Abreu, 27*

Tabacos Vargas
In dem schönen Haus werden Zigarren aus eigener Herstellung verkauft. *Avenida Marítima, 54*

ÜBERNACHTEN

Apartamentos La Fuente
Insider Tipp

Deutsch geführtes Haus, zentral und ruhig. Einige Apartments mit Blick aufs Meer, Dachterrasse zum Sonnen. *9 Apartments, Pérez de Brito, Tel. 922 41 56 36, www.lafuente.com*, €€

Hacienda San Jorge
Sehr gepflegte Apartmentanlage in Los Cancajos. Pool, Garten, Sauna, Restaurant. *155 Apartments, Tel. 922 43 40 75, Fax 922 43 45 28, hsjorge@intercom.es*, €€€

Hostal Residencia Canarias
Zentral und trotzdem ruhig gelegen. *13 Zi., Cabrera Pinto 21, Tel. 922 41 31 82*, €

Pensión La Cubana
In der Fußgängerzone. Dunkle Zimmer in einem kanarischen Bau, dem ältesten dieser Art in Santa Cruz. Englische Leitung. *7 Zi., Calle O'Daly, 24, Tel. 922 41 13 54*, €

SANTA CRUZ

Abends auf der Plaza Alameda: Hier kann man entspannt speisen

AM ABEND

Im Winter gibt es hin und wieder Theater- und Musikaufführungen im *Teatro Chico* neben der Markthalle (Programme sind im Touristenbüro erhältlich). Mitunter sind Kunstausstellungen in der *Casa Salazar* zu sehen; ferner werden *lucha canaria* veranstaltet, jedoch außerhalb von Santa Cruz.

Die Abende in Santa Cruz sehen eher trostlos aus, es sei denn, man begnügt sich mit einem Spaziergang am Meer oder einem Restaurant- bzw. Barbesuch. Ein *Kino* gibt es in der Calle El Puente, auf der linken Seite. Zwei *Diskos* befinden sich in Los Cancajos – wo hauptsächlich am Wochenende Betrieb ist. Stellen Sie jedoch keine allzu großen Erwartungen an die Originalität dieser Tanzschuppen.

AUSKUNFT

Touristenbüro, Calle O' Daly, 22, Mo–Fr 8.30–13 und 17–19, Sa 10.30–13 Uhr, Tel. 9 22 41 21 06

ZIELE IN DER UMGEBUNG

Los Cancajos   **[113 E4]**

Um 1985 begann die planvolle Erschließung der Insel, und Los Cancajos wurde von einigen Investoren und den Behörden als Standort ausgeguckt. Heute ist Los Cancajos eine reine Touristensiedlung mit einigen schönen und vielen langweiligen Apartmentanlagen, mit Supermärkten, in denen man deutsche Lebensmittel kaufen kann, mit Diskotheken und Restaurants, Schwimmbecken mit kleinen Badebuchten, über deren Wasserqualität schon häufiger geklagt wurde, mit darüber hinwegfliegenden Flugzeugen, mit Bars, die vorgeben, besonders spanisch zu sein (oder das gar nicht erst versuchen), mit den Büros der Reiseveranstalter – jedoch mit wenig Palmerischem. *Ca. 4 km südlich von Santa Cruz in Richtung Flughafen*

Cubo de la Galga   **[109 E5]**

Wanderung durch den Lorbeerwald zum *Mirador La Somera Alta*. Der

38

DER NORDOSTEN

Aufstieg dauert etwa 30 Minuten. *Hinter Casa Asterio links hoch, Parkplatz nach etwa 2,5 km (ausgeschildert)*

La Galga [109 E4–5]

★ Nördlich von Santa Cruz, über tiefe Barrancos hinweg, an der Hauptstraße nach Los Sauces, liegt La Galga. Eine kleine Siedlung mit bellenden Hunden und alten Männern vor dem Kirchenportal. Am Ende des Orts erhebt sich ein Aussichtspunkt, der *Mirador de San Bartolomé,* mit Blick über das ganze Küstengebiet. Ganz in der Nähe, an der Hauptstraße rechts, empfiehlt sich ein Besuch in der *Casa Asterio,* einem großen Restaurant mit Tapas, Wein und in der Saison mit Zickleinbraten. *Ca. 20 km nördlich von Santa Cruz,* €

Las Nieves [113 D2]

★ In der Kapelle von Las Nieves, mit einem schönen Kirchhof und alten Lorbeerbäumen, befindet sich das Heiligtum der Insel, die Patronin von La Palma und Retterin vieler in Seenot geratener Schiffe: die Jungfrau vom Schnee. Sie wird in vielen religiösen Festen verehrt, deren Höhepunkt zweifellos die *Bajada* ist, das größte und nur alle fünf Jahre wiederkehrende Spektakel, bei dem die Jungfrau mit großem Pomp hinunter in die Hauptstadt getragen wird. Die kleine, reich geschmückte Terrakotafigur aus dem 14. Jh. kam schon kurz nach der Conquista nach La Palma. Ihren Namen soll sie aus der Zeit des Vulkanausbruchs von 1646 haben, als auf Grund vieler Bittgebete die Berge der Insel sich mit Schnee bedeckten und so der glühenden Lava Einhalt geboten wurde. *Ca. 5 km oberhalb von Santa Cruz, tagsüber geöffnet, Eintritt frei*

Puntallana [109 E5–6]

Bunte Felder, die Nähe der See, außerdem tiefe Barrancos mit zum Teil winzigen Bananenterrassen und traditionellen kanarischen Bauernhäusern, das ist Puntallana, ein dicht besiedeltes Verwaltungszentrum, in dem es auch ein volkskundliches Museum gibt: *Casa Luján, Calle El Posito, 3, vormittags geöffnet, Eintritt 1,80 Euro.*

In der *Kirche San Juan Bautista* (Johannes der Täufer) stehen zwei recht wertvolle Figuren aus dem 18. Jh. Sie stellen San Miguel, den Schutzheiligen La Palmas, und San Antonio de Padua dar. *16 km nördlich von Santa Cruz*

In der Kapelle von Las Nieves ist die Jungfrau vom Schnee zu Hause

39

DER SÜDOSTEN

Land der Vulkane

**Im geologisch jüngsten Teil der Insel
erlebt man die Vulkane hautnah**

Je weiter man auf der Ostseite der Insel nach Süden fährt, desto jünger wird La Palma, geologisch gesehen. Am südlichsten Punkt schließlich hat gerade erst 1971 der Vulkan Teneguía mit seiner ausgeflossenen Lava die Insel erweitert.

Folgt man der Landstraße 832, die parallel zur Küste zwischen 500 und 800 m Höhe verläuft, so sieht man bis zum Ort Mazo auf der rechten und linken Seite noch viele bebaute Flächen, Felder in mittleren Höhenlagen, Bananen an der Küste. Direkt unterhalb von Mazo liegt Hoyo de Mazo – das Loch von Mazo – mit reichen Weingärten, die begünstigt sind durch ein warmes Kleinklima. Südlich von Mazo fängt das Gebiet des malpaís (schlechtes Land) an. Viele überwucherte Terrassen in Richtung Küste zeigen, dass es hier ehemals Feldbau gab. Rechts tritt nun die Cumbre Vieja näher heran, mit alten Pinien und nackten Gipfeln. Zwischen Montes de Luna (Mondberge) und Fuencaliente fährt man durch einen Pinienwald, der mitunter von Nebelschwaden eingehüllt ist, während zur Linken die ersten großen Lavafelder zur Küste hin abfallen. Vor Fuencaliente, ausgeschildert als Los Canarios, beginnt der

*Der Vulkan Teneguía an der
Südspitze La Palmas*

Weinbau aufs Neue, der ältere Vulkanboden mit seinen reichen Mineralien ist gut geeignet für die überwiegend weißen Sorten Listan und Malvasía. Mazo und Fuencaliente sind in dieser Region die beiden wichtigsten Orte, Zentren für die Landwirtschaft und für das Kleingewerbe. Es gibt wenige Strandzugänge an dieser Küste, das Gebiet ist mit seinen vielen Höhenwegen jedoch ein ideales Wanderrevier.

FUENCALIENTE

[114 C5] Der Ort, übersetzt »heiße Quelle«, wurde 1837 eigenständige Gemeinde. Früher gab es dort eine heiße Quelle, sie wurde allerdings 1667 beim Ausbruch des San Antonio verschüttet. Man hofft, sie in Kürze wieder freizulegen.

Fuencaliente, oft von starken Winden heimgesucht, liegt am Abhang der Cumbre Vieja, des »Alten Gipfels«, zu der vom Ortskern aus mehrere Wege hinaufführen. Unterhalb des Dorfs sind die Krater der Vulkane San Antonio und Teneguía mit mächtigen Lavafeldern zu sehen. Bananen an der Küste und Wein an den Hängen bestimmen die landwirtschaftliche Produktion der Gegend. Die größte Weinkellerei steht im Ort, sie ist die modernste Anlage ihrer Art auf La Palma.

FUENCALIENTE

Salzgewinnung bei Fuencaliente: die Salinen in der Nähe des Leuchtturms

SEHENSWERTES

Bodegas Teneguía
Diese Weinkellerei wurde 1945 als Kooperative gegründet und ist berühmt für die Erzeugung des teuren und schweren Likörweins aus der Malvasíatraube. Die Jahresproduktion der modernen Kellerei beträgt 250 000 l Weißwein, 80 000 l Rosé (*rosado*), 50 000 l Rotwein und etwa 10 000 l Malvasía. *Tgl. ab 9.30 Uhr, Anmeldung im Büro, Eintritt frei, die Zufahrt ist ausgeschildert, Restaurant €€*

ESSEN & TRINKEN

Insider Tipp: **Bar/Restaurante Junonia**
Das Restaurant liegt unter der Bar, es wird einfaches und reichhaltiges palmerisches Essen serviert, öfters auch Fisch. Zu Trinken gibt es u. a. *vino del país*. *An der Hauptstraße im Ort, von Santa Cruz kommend links, kein Ruhetag, €*

EINKAUFEN

Die *Bar Parada* auf der rechten Seite der Hauptstraße bietet hausgemachte Mandelkekse, *rapaduras* (eine Art Mandelkonfekt) und *queso de almendras* (harter Mandelkuchen). Weiter Wein, Käse und allerlei Hausgemachtes.

ÜBERNACHTEN

Apartamentos Los Volcanes
Ein neues Haus mit modernem Komfort. *3 Zi., Carretera General, 72, Tel. 922 44 41 64, €*

Pension Central
Einfaches Haus, im Ort gelegen. *4 Zi., Carretera General, 19, Tel. 922 44 40 18, €*

FREIZEIT & SPORT

Nördlich vom Leuchtturm, die Westküste hinauf, gibt es einige

DER SÜDOSTEN

Strände, die gut mit dem Auto angefahren werden können. Allerdings gibt es dort weder Duschen noch Rettungsschwimmer, auch Toiletten und Kioske fehlen. Fahren Sie bis kurz vor den Leuchtturm, dann rechts die Piste mit dem Hinweisschild *Playa Nueva* entlang. Das ist ein sandiger Strand, den Sie in wenigen Minuten vom Parkplatz an der Piste erreichen. Weiter durch die Bananenfelder gibt es noch einen Strand, *La Zamora*. Dazwischen liegen etliche Buchten, die Sie sich erklettern können. Achtung: Auch an dieser Küste ist Vorsicht geboten. Bei stärkerem Wellengang auf keinen Fall baden!

ZIELE IN DER UMGEBUNG

El Faro [114 C6]
★ So wird kurz der Leuchtturm genannt, wobei der alte Leuchtturm gemeint ist, der lange außer Betrieb ist und bei allen Touristen den Ausruf: »Daraus könnte man was machen!« hervorruft. (Mittlerweile wird daran gearbeitet.) Daneben gibt es den neuen Leuchtturm, eine funktionale Konstruktion. Von den Leuchttürmen aus, die über eine ca. 8 km lange Teerstraße von Fuencaliente erreichbar sind, haben Sie einen schönen Blick auf die Salinen, (Privatgrundstück, aber die Besichtigung ist möglich) und die Fischerhütten mit einem kleinen Kiosk.

Punta Larga [114 B5]
★ Vom Leuchtturm führt, an der Westküste entlang nach Norden, eine geteerte Straße durch endlose Bananenfelder, dieselbe Piste, auf der man auch zur Playa La Zamora fährt. Nach etwa 4 km taucht links in einer Bucht eine ziemlich kleine Siedlung aus Fischerhütten und Wochenendhäuschen auf: Punta Larga. In den Bretterbuden am Meer wird frischer Fisch serviert.

MARCO POLO Highlights
»Der Südosten«

★ **El Faro**
Idyll um den alten und neuen Leuchtturm mit kleinen Fischerhütten und Salinen
(Seite 43)

★ **Punta Larga**
Felsen, Buchten und frischer Fisch in einfachen Bretterbuden direkt an der Brandung laden zum ausgiebigen Verweilen ein
(Seite 43)

★ **Vulkane San Antonio und Teneguía**
Phantastische Aussicht vom Kraterrand und noch warmes Gestein lassen einen die Vulkane hautnah erleben
(Seite 44)

★ **Refugio El Pilar**
Unter hohen Pinien lässt sichs gut picknicken, oder man startet von hier aus zur Wanderung auf die Cumbre (Seite 47)

43

LAS BREÑAS UND MAZO

Buchten und Felsen sind schöne Sonnenplätze.

Vulkane San Antonio und Teneguía   [114 C5–6]

★ Unterhalb von Fuencaliente und vom Ort aus bereits zu sehen befinden sich die beiden »neueren« Vulkane. Der südlichere ist der Teneguía. Vom 〰 Kraterrand des San Antonio haben Sie einen phantastischen Blick über die Küste. Es kann sehr windig sein dort oben! Ein gebührenpflichtiger Parkplatz und ein Informationskiosk befinden sich unterhalb des Vulkans, der Weg ist ab Fuencaliente ausgeschildert.

Zum Teneguía, der nur wenige Kilometer weiter liegt, gelangen Sie mit dem Auto am besten von der Straße zum Leuchtturm aus (ausgeschildert). Einige Felsen dort sind noch warm vom letzten Ausbruch.

LAS BREÑAS UND MAZO

[113 D–E 3–6] Die zwei Gemeinden *Breña Alta* und *Breña Baja,* kurz Las Breñas, haben mit ihren Bezirken rund 10 000 Einwohner und sind Wohnstatt für viele, die in Santa Cruz arbeiten. Die Orte sind gepflegt und bilden eine Mischung aus alten kanarischen Häusern und modernen Zweckbauten. Für Touristen bieten sie relativ wenig, der Reiz liegt in der umliegenden Landschaft. Grüne Hänge ziehen sich sanft an den Ausläufern der Cumbre hinan, hier wird Landwirtschaft betrieben, u. a. Tabakanbau.

Die Nachbargemeinde im Süden ist *Mazo,* ebenfalls von der Cumbre bis zum Meer reichend, mit dem

Blütenteppiche

Beim Wettstreit der Gemeinden ist Mazo Favorit

Jedes Jahr am zweiten Donnerstag nach Pfingsten wird in den katholischen Gegenden das Fronleichnamsfest begangen, und das seit dem Jahr 1264. Nach Spanien gelangte der Festbrauch 1319, zunächst nach Barcelona. Nach La Palma kam er in der heutigen Art um 1870. Die Gemeinden der Insel wetteifern um die schönste Ausstattung ihres Orts mit Blumenteppichen und Bildern aus Blüten und bunten Samen. Schon Wochen vor Corpus Christi sitzen die Frauen in jedem der 14 *barrios* (Bezirke) von Mazo und kleben die zuvor gesammelten Samen, Blüten und bunten Pflanzenteile auf hölzerne Unterlagen zu meist verblüffend naturalistischen Bildern zusammen. Da entstehen Engels- und Jungfrauenporträts, Landschaften und Ornamente. Die Straßen werden mit Blütenmustern geradezu wie mit einem Teppich ausgelegt, und darüber erheben sich die Blütenbögen wie Monumente. Mazo ist zu dieser Zeit der farbenprächtigste Ort der Insel.

DER SÜDOSTEN

Blick über Dächer und Windmühle von Mazo aufs Meer

Flughafen als wichtigem Steuerbringer. Zwei Hauptstraßen führen durch Mazo nach Süden, dazwischen verbinden steile Sträßchen die Ortsteile. Ein klassizistisch anmutendes Rathaus und die Kirche San Blas sind die sehenswertesten Gebäude.

SEHENSWERTES

Escuela de Artesanía
In der Kunsthandwerkerschule von Mazo werden traditionelle palmerische bzw. kanarische Techniken im Weben, Sticken und Strohflechten vermittelt. Eine Ausweitung auf andere Handwerkskünste ist geplant. *Calle Doctor Pérez Morera, Mo–Fr 9–13 und 15–18 Uhr*

Iglesia San Blas
Die Kirche (16. Jh.) mit einem kunstvoll geschnitzten Altar aus Caoba-Holz birgt mehrere Figuren im barocken bzw. flämischen Stil sowie einige flämische Gemälde aus dem 16. Jh. *Mazo, unregelmäßig geöffnet*

MUSEUM

Casa Roja
Stickereimuseum mit Arbeitsmustern und Fronleichnamsmuseum mit Fotos und Dokumenten. *Mazo, Calle Pérez Diaz, Mo–Fr 10.30–14 und 15–18, Sa 11–19, So 10–14 Uhr, Eintritt 1,80 Euro*

ESSEN & TRINKEN

Los Almendros
Großes Restaurant mit etwas unschöner Beleuchtung, jedoch gutem Service. Suppen, Fleischgerichte und Pizza. *Velhoco, Carretera General, kein Ruhetag, €€*

La Cabaña
Uriges Restaurant, einfach, aber authentisch. Der Wirt selbst fängt den

45

LAS BREÑAS UND MAZO

Fisch. Eigene Weine. *Mazo, kurz vor der Belmaco-Höhle, Mo geschl.,* €€

Las Costoneras
Restaurant mit offenem Grill. Fleisch und Fisch, auch Vegetarisches. Urige Atmosphäre. *Mazo, San Simón, Di geschl.,* €€€

Parrilla Chipi Chipi
Hier gibt es gegrilltes Huhn, Kaninchen und dicken *puchero* (Eintopf). Man sitzt in hübschen, kleinen, voneinander abgeschlossenen Erkern in üppiger Gartenumgebung. Sehr gemütlich. Guter Service ohne die mitunter anzutreffende unangemessene Vertraulichkeit seitens der Bedienung. *Velhoco, an der Straße nach Las Nieves, Mi geschl.,* €

Las Tres Chimeneas
Insider Tipp

Im kanarischen Stil erbautes Restaurant mit gemütlichem Interieur. Es gibt allerlei internationale Gerichte, auch für Vegetarier ist gut gesorgt. Eines der besseren Restaurants der Insel. *Buenavista, am alten Flugplatz an der Hauptstraße nach Los Llanos, Di geschl.,* €€€

EINKAUFEN

La Destiladera
Insider Tipp

Zentrum zur Förderung Erwerbsunfähiger. Fertigung und Verkauf von Zigarren, Web- und Korbwaren, Lederartikeln etc. *San Pedro (Breña Alta), Calle Benahoare*

Mercadillo
Der »kleine Markt« ist Treffpunkt vieler deutscher Residenten. Verkauft werden Produkte örtlicher Landwirte: frisches Gemüse und Obst, Weine, Liköre, Marmeladen, selbst gebackenes Brot und Ku-

chen, hausgemachte *mojos,* Käse und vieles mehr. Im 1. Stock stehen Kunsthandwerkserzeugnisse zum Verkauf. *Mazo, in der Markthalle, Sa 15–19, So 9–13 Uhr*

El Molino
In dieser schön gelegenen Töpferei wird nach historischen Guanchenmustern schwarze Töpferware hergestellt. Bei Interesse können Sie den Töpfern zusehen. *Hoyo de Mazo, an der Hauptstraße*

Zigarren
In Las Breñas haben sich einige Zigarrendreher angesiedelt. Zwei von ihnen, denen man in ihrer *tabaquería* zusehen kann: *El Rubio* (der Blonde), *San Pedro (Breña Alta), Hauptstr. 10, und Richard, gleicher Ort, El Porvenir Nr. 36*

ÜBERNACHTEN

Apartamentos Vista Bella
Wie der Name schon sagt: Der Blick ist schön. Große Gartenanlage mit Schwimmbecken und Tennisplatz. *9 Apartments, San José, Polvacera, 312, Tel. 922 43 49 75,* €€, *www.la-palma.de/vistabella*

Parador de La Palma
Hotel in der bewährten Qualität spanischer Paradore, 8 km vom Flughafen entfernt. *78 Zi., Carretera Del Zumacal, Breña Baja, Tel. 922 43 58 28, Fax 922 43 59 99, la-palma@parador.es,* €€€

FREIZEIT & SPORT

Lucha canaria
Insider Tipp

In der Mehrzweckhalle in Mazo finden häufig kanarische Ringkämpfe statt. Da dies saisonabhängig ist,

DER SÜDOSTEN

erkundigen Sie sich am besten im Touristenbüro in Santa Cruz nach den Terminen. Ein Besuch ist wegen der einmaligen Atmosphäre lohnenswert.

ZIELE IN DER UMGEBUNG

Belmaco [115 E1]
Die Guanchenhöhle von Belmaco birgt einige prähistorische Felsinschriften, Petroglyphen genannt. Kleines Museum und Infohäuschen. *Bei Kilometer 7 Richtung Fuencaliente, Mo–Sa 10–18, So 10–14 Uhr, Eintritt 1,80 Euro*

Mirador de la Concepción [113 D3]
 Weite Blicke über die Hänge von Las Breñas, zum Meer und zur Cumbre sowie hinunter nach Santa Cruz, besonders auf den Hafen. *Buenavista, Richtung Los Llanos an der Kreuzung rechts*

Montaña de Las Breñas [112 C5]
 Seit der Conquista führte hier ein wichtiger Verbindungsweg von Velhoco nach Fuencaliente. Die Landschaft war so schön, dass ein Gesetz von 1611 »das Abschneiden von Baumzweigen mit 30 Tagen Gefängnis oder 6000 Maravedis« ahndete. Geblieben ist ein weiter Blick über Las Breñas bis Santa Cruz und zur Cumbre. *Abzweigung hinter Mazo (La Rosa), den camino montaña nach Westen, ca. 2 km*

Refugio El Pilar [112 B5]
★ Von Las Breñas führt eine kurvenreiche, jedoch gut ausgebaute Straße über San Isidro auf die Cumbre Nueva. Unterwegs passieren Sie einen *Aussichtspunkt*. Auf der Cumbre liegt das Refugio El Pilar mit einem großen Grillplatz. Hier beginnen zahlreiche Wanderwege in den Wald oder auf die Cumbre mit ihren Vulkanbergen.

Salineras [115 F2]
Was einst eine Anhäufung von Fischerhütten und Wochenendhäuschen war, ist nun eine kleine Gemeinde am Meer. Es gibt vor Salineras einen Sandstrand, bei Salineras direkt Steinstrände und Buchten. Einige Fischerboote liegen dort. Ein friedliches Plätzchen am Meer. *Mazo, auf der unteren Straße, hinter der Abzweigung nach Fuencaliente die erste Teerstraße links hinunter. Es geht einige Kilometer über ungeteerte Piste. (Auf Schildern heißt Salineras auch Salemeras.)*

Kapelle beim Aussichtspunkt Mirador de la Concepción

47

DER SÜDWESTEN

Schönes Wetter zwischen Cumbre und Strand

Hier ist die Region touristisch erschlossen – die Sonnenseite der Insel

Jenseits der Cumbre Vieja, im Dreieck La Cumbrecita, Fuencaliente und Tazacorte, breitet sich der Südwesten der Insel mit steilen Gipfeln, trockenen Hängen, erloschenen Vulkanen und urzeitlichen Lavafeldern aus. In diesem Gebiet leben rund 30 000 Menschen, allein in der seit 1998 größten und mit Santa Cruz rivalisierenden Stadt Los Llanos ca. 19 000. Die Region hat den einzigen Fischereihafen von Bedeutung und das größte zusammenhängende Bananenanbaugebiet der Insel. Kleingewerbebetriebe wie Werkstätten, eine Käsefabrik, der im Rahmen der europäischen Harmonisierung eingerichtete Tüv, Agrogeschäfte, die Maschinen und Pestizide verkaufen, und Bananenabpacker geben der Region einen gewissen Wohlstand. Hinzu kommt der Tourismus. Das besonders trockene Klima und der bedeutende Strandort Puerto Naos sowie das Vorhandensein vieler Unterkünfte und Geschäfte, die sich auf Tourismus ein-

Der Badeort Puerto Naos mit schwarzem Sandstrand

Detail einer bunten Kachel

gestellt haben, ziehen Urlauber an. Wer von Strandleben und Sonnenbaden nichts wissen will, hat in Los Llanos den besten Zugang zum Nationalpark *Caldera de Taburiente,* sodass auch viele Wanderfreunde das Gebiet schätzen gelernt haben.

Von Santa Cruz aus ist die Cumbre Vieja, die sich bis in den äußersten Süden erstreckt, eine natürliche Barriere. Nur zwei größere Straßen, die 812 über Breña Alta durch den Tunnel nach El Paso und die 832 über Fuencaliente, gewähren den Zutritt. Gleichzeitig sind sie aber auch die Ausfallstraßen für die Bananenlastzüge, die mit hoch getürmter Ladung den Hafen von Santa Cruz erreichen müssen. Das könnte sich schon bald ändern,

EL PASO

Dieses rote Haus steht in El Paso

EL PASO

[111 E–F 3–4] Rund 6000 Menschen leben in El Paso, dem größten Verwaltungsbezirk La Palmas. Fast 140 km² ziehen sich in Nord-Süd-Richtung über die Cumbre und die Caldera. Über einen direkten Zugang zum Meer verfügt der Bezirk allerdings nicht. Der eigentliche Ort erstreckt sich mit schönen kanarischen Häusern und ländlichen Winkeln zwischen der alten Verbindungsstraße nach Los Llanos, Las Cuestas, sowie der Carretera General, der verkehrsreichen Hauptstraße, die Santa Cruz mit Los Llanos verbindet.

Auf den ersten Blick ist in El Paso nichts von touristischem Interesse zu bemerken. Es gibt ein paar kleine Geschäfte, das Rathaus mit der Ortsbibliothek und eine Veranstaltungshalle, wie sie auch in einem deutschen Provinznest oder in einem Bergdorf in den Pyrenäen stehen könnte. Das Idyll dieses großen Dorfs sind seine Seitenstraßen. Sie erleben es etwa in der *Calle Manuel Taño* hinter bürgerlichen Fassaden oder in der *Las Cuestas* und deren Seitengassen, in Hinterhöfen und beschatteten Gärten. Dort finden sich kleine, uralte kanarische Häuser, winzige Läden und Menschen auf kleinen Feldern oder beim Schwatz. In manchem Hinterhof mag es eine Werkstatt geben, zu der kein Hinweisschild führt. Dort arbeiten Zigarrendreher, Strohflechter, Stickerinnen, und dort werden für die Seidenweberei im Ort Seidenraupen mit Maulbeerblättern gemästet. El Paso gilt traditionell als Kunsthandwerkerdorf, neben der Landwirtschaft ein wich-

wenn der Hafen von Tazacorte fertig ausgebaut ist.

Schon die spanischen Eroberer unter Alonso Fernández de Lugo, die bei Tazacorte landeten, haben die Cumbre als Hindernis auf ihrem Eroberungszug empfunden. Später, als die Spanier Fuß gefasst hatten, entstanden die Königswege, die *Caminos Reales,* die mit groben Quadern gepflastert waren und West und Ost verbanden. Noch bis in die 1950er-Jahre wurden sie von Bauern benutzt, die ihre Waren mit Mulis zum Markt brachten. Heute sind diese Wege ideale und recht stille Möglichkeiten, die Gegend wandernd zu erkunden. Einer der *Caminos Reales* verläuft in diesem Gebiet von der *Ermita Virgen del Pino* hinauf auf die Cumbre, wo Sie die Möglichkeit haben, bis zum *Refugio El Pilar* zu gehen.

| 50

DER SÜDWESTEN

tiger Erwerbszweig. Die Lage abseits von Lärm und Hitze des Küstentieflands, mit den mächtigen Bergen im Rücken und dem herrschaftlichen Blick über das Aridanetal von Los Llanos, begünstigt die vielseitigen Kreationen von Strohhüten, Körben, Seidenstoffen, Zigarren, Schnitzereien und Stickereien. Dem durchfahrenden Touristen bleiben sie allerdings verborgen, erst in den Kunsthandwerkerläden von Los Llanos und Santa Cruz mag man mit ihnen in Berührung kommen. In den 1990er-Jahren hat sich El Paso baulich stürmisch entwickelt und dabei etwas von seinem Reiz eingebüßt. Der größte Supermarkt der Insel mit einem doppelstöckigen Parkplatz und viele andere serviceorientierte Gebäude haben das Erscheinungsbild verändert.

SEHENSWERTES

Iglesia de Nuestra Señora de Bonanza
Sehenswert ist die mehrfarbige Holzdecke der Kirche im Mudejar-stil. *Calle General Franco, unregelmäßig geöffnet*

MUSEEN

Museo de Seda
★ Das Seidenmuseum mit Weberei informiert über die Geschichte der Seidenproduktion auf La Palma. In der Weberei können Sie den Frauen bei der Arbeit zuschauen. *El Paso, Calle Manuel Taño, 6, Mo–Fr 10–13, Di–Do auch 17–19 Uhr, Eintritt 1,80 Euro*

Museo del Vino
Weinmuseum mit Weinproben. Die ganze Geschichte des palmerischen Weins. *Las Manchas de Abajo, unterhalb Bodegón Tamanca, Mo bis Fr 10.30–18, Sa 11.30–14 Uhr, Eintritt 1,80 Euro*

ESSEN & TRINKEN

Adagio Pizzeria
Pizza vom Holzkohleofen und Pasta. Allerdings etwas laut. *An der Hauptstraße nach Los Llanos, 38, Mi geschl.,* €€

MARCO POLO Highlights
»Der Südwesten«

★ **La Cumbrecita**
Ein Aussichtspunkt mit atemberaubendem Blick in den Kessel von Taburiente, über eine Teerstraße mit dem Auto zu erreichen (Seite 52)

★ **Mirador El Time**
Von diesem Aussichtspunkt überschaut man einen großen Teil der Region (Seite 57)

★ **Museo de Seda**
Das Seidenmuseum in El Paso zeigt alles zu Geschichte und Herstellung der Seide auf La Palma. Man kann beim Weben zuschauen (Seite 51)

EL PASO

Bar Grill Secadero
Besticht durch seine Architektur. Das Lokal mutet von außen wie ein Steinhaufen an. Die Speisen sind im Kontrast dazu allerdings wenig originell. *Las Manchas, zwischen San Nicolás und Puerto Naos, Mi geschl., €€€*

Bar Restaurante Yanes
In dieser kleinen Bar werden Pizzas und venezolanische *arepas* auf den Tisch gebracht. *An der Hauptstraße, gegenüber vom Spar-Supermarkt, Do geschl., €*

Bodegón Tamanca
Das Restaurant liegt im Berg, unter einem gemauerten Steingewölbe. Es gibt hier gute Tapas, wie z. B. *jamón serrano* (luftgetrockneter Schinken), *queso blanco* (Ziegenkäse) und morcilla, eine mit Rosinen und Mandeln gesüßte Blutwurst. Bodegón Tamanca ist eine gute Adresse auch für zarte Steaks und eigenen Wein, aber leider immer mehr zur Massenabfertigung geworden. *Las Manchas, von El Paso Richtung Fuencaliente 10 km, Mo geschl., €€*

Insider Tipp

La Cascada
Ein großes Einheimischenlokal mit eher deftigen Fleischgerichten vom Grill sowie dickem *puchero* (Eintopf) auf der Speisekarte. *Carretera General, ca. 2 km in Richtung Santa Cruz, kein Ruhetag, €€*

Franchipani
Restaurant mit Gerichten aus Israel und Marokko, Spezialitäten, die es selten auf La Palma gibt. Auch vegetarische Speisen stehen auf der Karte. *Carretera Empalme dos Pinos, 57, Mo geschl., €€*

EINKAUFEN

Naturkostladen El Campo
Wie der Name schon sagt: Lebensmittel und mehr für den ökologisch Bewussten. *Carretera General*

ÜBERNACHTEN

Apartamentos Finca Verde
Vier individuelle Apartments in drei kleinen kanarischen Häusern. *Calle El Pilar, 81, Tel. 9 22 49 72 91, €€*

La Tienda
Gemütliche Pension in einem alten kanarischen Haus. Schwimmbecken, Sauna, Garten. *4 Zi., 1 Apartment, Calle La Rosa, 1, Tel./Fax 922 49 73 42, €€*

ZIELE IN DER UMGEBUNG

La Cumbrecita [112 B2]
★ ✹ Auf einer ca. 8 km langen, asphaltierten Straße (von der Carretera General Richtung Santa Cruz) erreichen Sie den Aussichtspunkt La Cumbrecita. Aus einer Höhe von 1300 m ist der Blick in den Talkessel der *Caldera de Taburiente* phantastisch. Etwa 20 Min. Fußweg entfernt liegt ein weiterer Aussichtspunkt, der ✹ *Lomo de las Chozas,* von dem der Blick ebenfalls über die Caldera und den Idafe reicht. Achtung: Der Parkplatz an der Cumbrecita ist ein notorischer Platz für Autoeinbrüche!

Ermita Virgen del Pino [112 B3]
Insider Tipp

Eine kleine Kapelle unter einer mächtigen Pinie, die im Mittelpunkt des gleichnamigen Fests am 1. September steht. Den Schlüssel für die Kapelle bekommen Sie im Nachbarhaus. Oberhalb schlängelt

DER SÜDWESTEN

La Cumbrecita, Blick in den Talkessel Caldera de Taburiente

sich ein *Camino Real* durch den Wald, immer die Anhöhe hinauf. Nach einer Wanderung von etwa einer Stunde kommt man oben auf der *Cumbre* heraus. *3 km von El Paso, Carretera General Richtung Santa Cruz, dann links der Straße zur Cumbrecita folgen*

Icona-Infozentrum [112 B4]
Wie abstoßend Sie diesen Bau auch immer finden mögen, lassen Sie sich nicht davon abhalten, hier Halt zu machen. Das Zentrum hat in seinem Innern nämlich jede Menge interessanter Informationen über La Palma versammelt. Empfehlenswert ist eine Besichtigung vor einer Wanderung in die Berge. *El Paso, Abzweigung zur Cumbrecita, Tel. 922 48 60 00, Mo–Sa 9–14 und 15–18, So 9–15 Uhr, Eintritt frei*

Pico Bejenado [111 E2]
Eine Wanderung zu diesem unweit von El Paso liegenden Gipfel belohnt mit weiten Blicken in den Nationalpark Caldera. *Anfahrt über die Straße zur Cumbrecita, dann links nach Valencia. Der Teerstraße in die Höhe folgen, sie wird bald zur Piste. Von dort zu Fuß stetiger Aufstieg bis zum Gipfel, ca. 2 Std.*

Plaza La Glorieta [111 E6]
Insider Tipp
Ein aus Mosaiken und Vulkansteinen gestalteter, wunderschöner und friedlicher Platz mitten in der Natur. Wurde von dem palmerischen Künstler Luis Morera konzipiert. *Las Manchas, neben dem Weinmuseum*

Straße El Paso– [111 E4–6]
Fuencaliente [114 B–C 1–5]
Ca. 25 km auf der 832. Die Straße führt durch *San Nicolás* und *Jedey,* kleine Orte, in denen es nichts weiter gibt als über Mauern hängende Geranien, alte Männer, die auf Mäuerchen sitzen und Frauen, die die Tritte ihrer Häuser fegen.

53

Los Llanos de Aridane

Die Landschaft ist vielfältig: Wein, Lavafelder, Pinien, Eukalyptusbäume und *malpaís*. Es gibt Aussichtspunkte, z. B. ca. 5 km vor Fuencaliente, mit weitem Blick über Bananenplantagen, Küste und Meer, manchmal bis zur Insel El Hierro und zu den fernen Häusern von Puerto Naos.

macht: Bars, Diskotheken, Andenkengeschäfte, Boutiquen, Reisebüros, Supermärkte, Restaurants, ein Kino und meistens schönes Wetter. Der Ort ist ein guter Ausgangspunkt für Ausflüge in den Nationalpark Caldera de Taburiente, in die Küstenorte Puerto Naos und Tazacorte und in den Norden.

LOS LLANOS DE ARIDANE

[111 D3] »In Los Llanos sitzt das Geld«, heißt es bei denen in Santa Cruz in einer Mischung aus Neid und Bewunderung. Als Besucher werden Sie, nachdem sie zuvor in Santa Cruz waren, von der Hektik, der geschäftigen Atmosphäre und den vielen Zweckbauten in Los Llanos zunächst vielleicht befremdet sein; die Stadt scheint auf den ersten Blick so gar nicht ins palmerische Idyll zu passen. Und doch hat auch Los Llanos reizvolle Winkel. Sobald Sie durch die kleine Stadt wandern, entdecken Sie hier und dort auch Gewachsenes. Selbst geschmackvolle Wohnhäuser gibt es neben den Betonkästen – beides zeugt nicht von Armut. Der Wohlstand kommt von den riesigen Bananenplantagen, die stellenweise noch bis in den Ort hineinreichen. Außerdem ist Los Llanos das kommerzielle Zentrum der Westküste. Die Bewohner sind weniger zugänglich als etwa in Santa Cruz, man geht mit größerem Ernst seinen Geschäften nach, so scheint es. Alles ist ein bisschen konservativer als andernorts. Touristisch gesehen bietet Los Llanos aber alles, was dem Urlauber Freude

SEHENSWERTES

Avenida Tanausú
Kurze Straße von der Avenida Doctor Fleming hinunter zur Markthalle mit klassischen Stadtvillen, blühenden Vorgärten und gekachelten Eingängen. Die Avenida wird von Palmen, Jakaranda- und Tulpenbäumen gesäumt, die im Juni und Juli in voller Blüte stehen.

Inside Tipp

Iglesia de Nuestra Señora de los Remedios
Diese große Kirche im Zentrum der Stadt wurde zu Anfang des 16. Jhs. erbaut. In ihr befinden sich zahlreiche Kunstschätze, darunter auch die *Figur der Stadtpatronin Nuestra Señora de los Remedios,* die Schnitzarbeit eines Brüsseler Meisters aus dem 16. Jh. Ferner ist eine schöne *Marmorskulptur* zu sehen. *Plaza de España*

Parque Municipal
Der kleine Stadtpark ist vielleicht etwas heruntergekommen, doch exotische Bäume, ein Spielplatz und ein Kleintiergehege machen einen Besuch durchaus lohnenswert. *Carretera Puerto Naos, auf der rechten Seite, Eintritt frei*

Plaza de Elias Santos Abreu
Kleiner Platz mit Sitzbänken. *Calle Fernández Taño, hinter der Kirche*

DER SÜDWESTEN

Plaza de España
🏃 Der Hauptplatz von Los Llanos ist tagsüber sehr belebt. *An der Avenida General Franco*

ESSEN & TRINKEN

Amberes
Eine der doch eher seltenen Gelegenheiten für Vegetarier: internationale biologische Kochkunst. Gehobene Küche. *Calle Luna, 2, Do geschl., €€€*

Arepera El Rinconcito
Spezialität sind original venezolanische *arepas* (Teigtaschen). *2,5 km hinter Los Llanos Richtung Puerto Naos, Do geschl., €*

Balcón Taburiente
☼ Ziege und Kaninchen sind die Spezialitäten dieses kleinen Restaurants. Phantastischer Blick in die Caldera. *Camino Cantadores, 2, kein Ruhetag, €€*

El Hidalgo
Restaurant mit schöner kanarischer Atmosphäre. *Calle José Antonio, 21, Mi geschl., €€*

Parrilla Aridane
Man sitzt in einem Innenhof. Sehr einfaches palmerisches Lokal, in dem gegrilltes Fleisch und *puchero* serviert werden. *Calle Fernández Taño, 29, Mo geschl., €*

Tasca La Fuente
Kleine, leckere Gerichte in gemütlicher Atmosphäre. *Avenida General Franco, 70, So geschl., €€*

Tasca Palacio del Vino
Viele spanische Festlandsweine, dazu gibt es Käse- und Schinkentapas. *Avenida Tanausú, 21, kein Ruhetag, €€€*

EINKAUFEN

Calle Iglesia 5
Der kleine Laden ohne einen erkennbaren Namen hat ein breites Angebot an Strohhüten und anderen palmerischen Gebrauchsartikeln. *Calle Iglesia, 5*

Lando
Kunstartikel. *Calle Calvo Sotelo, 4*

Kunsthandwerk
Ein staatliches Ausstellungs- und Verkaufszentrum für Kunsthandwerk befindet sich in der *Casona Massieu, 1 km außerhalb Richtung Tazacorte*

Einkaufsstraße in Los Llanos

LOS LLANOS DE ARIDANE

Blick von Los Llanos de Aridane auf die umliegenden Berge

Mercado
In der kleinen Markthalle gibt es alle palmerischen Landerzeugnisse sechsmal die Woche frisch. *Plaza Mercado, Mo–Sa 8–14 Uhr*

ÜBERNACHTEN

Amberes
Das Luxushotel ist in einem alten Herrenhaus untergebracht. Geschmackvoll und individuell eingerichtet. *7 Zi., Avenida General Franco, 13, Tel. 9 22 40 19 16, Fax 9 22 49 73 03, €€€*

Hostal Residencia Eden
Das Haus ist zentral an der Plaza de España gelegen, das hat den Nachteil, dass es bei Fiestas ziemlich laut ist. *18 Zi., Tel. 922 46 01 04, Fax 922 46 01 83, €€*

Palma Jardín *(Insider Tipp)*
Die überaus schöne Anlage oberhalb von Los Llanos besticht mit einem großen kanarischen Garten. Swimmingpool und Tennisplatz sind ebenfalls vorhanden. *24 Apartments, Urbanización Celta, Hauptstraße Richtung El Paso, etwa 600 m nach der Verkehrsinsel links abbiegen, Tel. 922 46 35 67, Fax 922 46 13 16, €€€*

Pensión Time
Eine einfache Pension, die zentral an der Kirche liegt. *11 Zi., Calle Iglesia, 3, Tel. 922 46 09 07, €*

AM ABEND

Cocktailbar Utopia
In der Frühstücksbar gibts abends Musik, und dazu werden Drinks serviert. *Calle Taño, 9, Mo–Sa 10–15, Di–Sa ab 22 Uhr*

Diskothek Convento
Großer Laden, in dem es erst abends ab 22 Uhr losgeht. *Calle Parsion*

| 56

DER SÜDWESTEN

AUSKUNFT

In Los Llanos gibt es kein offizielles Touristenbüro. Auskünfte aller Art, auch in kommerziellen Angelegenheiten, bietet *Contacto*. Dort finden Sie außerdem La-Palma-Literatur sowie eine Angebots- und Suchbörse. *Calle General Yagüe, 5, Tel. 922 46 32 04, Mo–Fr 9.30–13.30 und 16–19, Sa 9.30–13.30 Uhr.* Touristeninfo auch in der *Casona Massieu van Dalle*

ZIELE IN DER UMGEBUNG

Los Llanos hat einen großen Busbahnhof, von dem regelmäßig Busse in alle Richtungen fahren, z. B. nach Garafía, Puerto Naos, Tazacorte und Santa Cruz. Er befindet sich in der Calle Ramón Pol, die von der Avenida Enrique Mederos abgeht.

Argual [110 C3]

Knapp 2 km vom Zentrum Los Llanos' entfernt befindet sich einer der geschichtsreichsten Orte der Insel: Argual. Im Grunde besteht er nur aus einem großen, mit stattlichen Bäumen bestandenen Platz, um den einige Herrenhäuser stehen, einer kleinen Straße mit Wohnhäusern sowie einer Bananenabpackerei. Nach der endgültigen Eroberung der Kanarischen Inseln, die im Vertrag von Burgos 1496 schriftlich fixiert wurde, erhielt Alonso Fernández de Lugo weit reichende Rechte zur Ausbeutung des Bodens und des Wassers auf der Insel. Er wurde zum ersten Besitzer von Argual und machte sich sofort daran, das Wasser des Río Tazacorte zu kanalisieren und nach Argual zu führen. Er baute eine stattliche Hazienda, die im Lauf der Zeit durch viele Hände ging. Die Hazienda ist typisches Beispiel eines Großgrundbesitzes aus dem 16. und 17. Jh.

Auf dem Plaza de Sotomayor findet *jeden Sonntag von 9–15 Uhr* ein *Flohmarkt* statt. Nicht nur, dass Residenten ihre ausgedienten Sachen anbieten, es gibt auch Obst, Gemüse, Schmuck und sonstige Kuriositäten zu kaufen.

Der junge Glasbläser Dominic Kessler fertigt interessante Einzelstücke, und man kann mitunter beim Arbeitsprozess zuschauen. *Artefuego, Plaza de Sotomayor, 29, www.artefuego.com, Mi und Fr 10–14 Uhr, Sa/So 10–14 Uhr auch Vorführung*

Ein Hotel im traditionellen Stil mit geschmackvoll eingerichtetem Restaurant und internationaler Küche ist *La Casona de Argual, 4 Zi., 1 Apartment, an der Plaza, Tel. 922 40 18 16, €€, Restaurant €€€, Do geschl.*

Mirador El Time [110 C3]

★ Ein etwa 600 m hoch gelegener Aussichtspunkt mit Blick über das gesamte Aridanetal bis zur Küste und zur Cumbre. Auch ein *Restaurant, €€,* ist vorhanden. *Landstraße 832, 9 km Richtung Norden*

Santuario de Nuestra Señora de las Angustias [110 C3]

Insider Tipp

Auf dem Weg nach El Time liegt wenige Kilometer hinter Los Llanos auf der linken Seite eine kleine renovierte Kirche. Herrliche kanarische Decke und *Figur der Señora de las Angustias,* der Schutzheiligen des Tals, aus dem 16. Jh. – eine der herausragendsten Barockarbeiten auf der Insel. *Landstraße 832, tagsüber geöffnet, Eintritt frei*

PUERTO NAOS

PUERTO NAOS

[111 D6] Rund 10 km südlich von Los Llanos liegt La Palmas Versuch, mit Hilfe eines schwarzen Sandstrands doch noch etwas vom schnellen Touristengeld abzubekommen. Auf ganz alten Fotos sieht man Fischerhütten und Frauen in der Badetracht ihrer Zeit. Etwas später dann, zu Beginn der 1980er-Jahre, erkennt man auf den Postkarten auf einem Felsplateau über dem Meer das, was einmal ein Hotel werden sollte: ein riesiges, mehrstöckiges Betongerippe à la Marbella. Irgendwie war den Investoren das Geld ausgegangen, und der Schandklotz wurde schließlich gesprengt. An seiner Stelle steht nun das Vier-Sterne-Hotel Sol La Palma, das größte Haus am Strand und vielleicht sogar auf der Insel.

Vom Ort selbst ist so gut wie nichts geblieben, was man ein palmerisches Dorf nennen könnte – ein weiteres Beispiel dafür, wie durch den Tourismus gewachsene Strukturen verschwinden. Puerto Naos könnte auch ein Ort an einem x-beliebigen Strand in der Welt sein, mit dem »Weltbürger« Tourist als einem zeitweiligen Bewohner, Nutzer und Verbraucher.

Der Strand ist hübsch mit Palmen bepflanzt, und über ihm verläuft eine Promenade. Bis Mitte der 1990er-Jahre war Puerto Naos eine einzige Baustelle mit aufgerissenen Gehwegen, mit Kieshaufen und Betonmischern an allen Ecken, mit halb fertig gestellten Häusern, herumliegenden Kabeln und zeitweise auch noch gesperrten Straßen. Das Leben auf der Promenade, wo es Bars mit kühlem deutschem Bier gibt, wo Sonnencreme und Liegematten verkauft werden und von wo es zum kühlen Nass nur wenige Schritte sind, ist bunt. Allerdings gab es desöfteren Berichte von schmutzigem Wasser, und es ging außerdem das Gerücht um, mancherorts seien die Kläranlagen zu klein ausgelegt.

ESSEN & TRINKEN

La Nao
Hier gibt es unter anderem Tapas und internationale Gerichte. Und Sie können unter Sonnenschirmen auch auf der Promenade sitzen. *Paseo Marítimo, Mo geschl., €€*

Piscolabis
Liegt etwas versteckt am Ende der Calle Mauricio Duque Camucha. Ehrliche Hausmannskost. *Mi geschl., €*

Sol La Palma
Das Restaurant im gleichnamigen Hotel bietet allabendlich internationale Küche, sonntags auch mittags. Es gibt ein großes Buffet. *Playa de Puerto Naos, €€*

EINKAUFEN

Antiquariat
Nicht nur Urlaubsschmöker werden hier verkauft, auch Ausgefallenes. *Am Ortseingang rechts*

ÜBERNACHTEN

Atlantida
Apartmentanlage in der zweiten Strandreihe. Geräumige Zimmer, ideal für Familien. *14 Apartments, Buchungen über Jofisa, Tel./Fax 922 46 41 26, €€*

DER SÜDWESTEN

Sol La Palma
Bietet alle möglichen Serviceleistungen eines internationalen Hauses. Tennis, Sauna, Fitness, Pool. *Playa de Puerto Naos, 280 Zi., 185 Apartments, Tel. 922 40 80 00, Fax 922 40 80 14, €€€*

FREIZEIT & SPORT

Außer den Stränden, wie *Charco Verde, Remo, Playa Nueva, Las Hoyas* und *Las Monjas* mit FKK, die alle nahe dem »offiziellen« Strand von Puerto Naos liegen, bietet das Hotel Sol La Palma auch Nichtgästen Fitness, Sauna, Pools, Tennis und ein Kinderprogramm. Infos an der Rezeption.

AM ABEND

Auch hier bietet das 🏃 *Hotel Sol La Palma* ein breites Programm, mitunter auch Folklore. Informationen an der Rezeption.

TAZACORTE

[110 C4] Fragt man einen älteren Palmero, was ihm zu Tazacorte einfällt, so nennt er meistens zwei Dinge: »Die Kommunisten!« und »Die Mädchen waren dort früher immer moderner gekleidet als anderswo!« Letzteres hat sich längst nivelliert, während die Kommunisten in Tazacorte bis auf den heutigen Tag eine große Anhängerschaft haben. Oft haben sie dort auch den Bürgermeister gestellt.

Die Bewohner Tazacortes gelten als wohlhabend, eigenwillig und stolz, aber auch als weltoffen. Den Tourismus scheinen Sie gelassen hinzunehmen, und die fremden Besucher werden hier weniger bestaunt als etwa im »wilden Norden«. Der Ort hat sich seinen palmerisch-ländlichen Charakter bewahrt: Es gibt kleine Plazas, enge Gassen und niedrige Häuser, hinter

Schwarzer Strand und bunte Häuser in Puerto Tazacorte

TAZACORTE

Im Hafen Puerto Tazacorte liegen längst nicht mehr nur Fischerboote

deren Türen kühler Schatten für Erholung von der Tageshitze und überquellende Blumentöpfe für ein schönes und angenehmes Ambiente sorgen.

Unterhalb von Tazacorte, jenseits reicher Bananenplantagen mit stolzen, alten Fincas darin, liegt Puerto Tazacorte, der größte Fischereihafen der Insel, der zum Fähr- und Frachthafen ausgebaut wird. Dort gibt es einen Strand und ein Meeresschwimmbecken, an dem seit Jahren gebaut wird. Es ist auch eine neue Siedlung entstanden, und es werden einige Apartments für Touristen angeboten.

Die Geschichte des spanischen La Palma beginnt in Tazacorte. Am 29. September 1492, dem Namenstag des heiligen Miguel, des Schutzpatrons von La Palma, stürmte Fernández de Lugo mit Soldaten und Priestern beim heutigen Tazacorte an Land. Tazo, der Guanchenhäuptling dieser Gegend, fiel im Kampf. Der Name Tazacorte ist von diesem Häuptling abgeleitet. Die Wortkombination von Tazo und Corte soll zum Ausdruck bringen: »der Hof des Tazo«.

Die erste Kirche der Insel überhaupt, eine kleine Kapelle, wurde bald nach der Eroberung gebaut, und die Padres begannen mit der Christianisierung der letzten noch verbliebenen Guanchen.

SEHENSWERTES

Iglesia de San Miguel
Die kleine Kirche liegt am Ende der Hauptstraße, die Treppen hinauf. Dort gibt es auch ==eine kleine Plaza mit einer gekachelten Pergola,== *Inside Tipp* auf der schwer die roten Bougainvilleabüsche liegen. Ein kleiner Kiosk bietet Getränke an. Von hier oben schweift der Blick über weite Bananenplantagen. *Avenida de la Constitución*

Puerto Tazacorte
★ Der Fischereihafen liegt etwa 3 km unterhalb von Tazacorte. Sie können das Einlaufen der Boote und das Entladen beobachten und von der Mole aus angeln. Außerhalb des Hafens gibt es die Fischkooperative und einige kleine Restaurants, in denen frischer Fisch serviert wird.

DER SÜDWESTEN

ESSEN & TRINKEN

Casa del Mar
Im Haus der Fischkooperative sind Meeresfrüchte und Fischsuppen Trumpf. Einfache Ausstattung, dennoch angenehm zu speisen. Im unteren, hinteren Teil betriebsame, von Einheimischen frequentierte, empfehlenswerte Bar. *Puerto Tazacorte, gegenüber Schwimmbecken, kein Ruhetag,* €€

ÜBERNACHTEN

Apartamentos Luz y Mar
Einfache Einrichtung mit Dachterrasse zum Sonnen, unweit von Meer und Hafen gelegen. *12 Apartments, Puerto Tazacorte, Tel. 922 48 06 00,* €€

Atlantis
Apartments direkt im Ort mit Balkonen, zum Teil mit Blick auf Meer und Berge. *23 Apartments, Calle Mariano Benlliure, 14, www.lapalma.de/atlantis,* €€

ZIELE IN DER UMGEBUNG

Cueva Bonita, Seeausflüge, Hochseeangeln [110 B2]
Die Höhle ist nur mit dem Boot erreichbar. Zwei Unternehmen veranstalten mehrmals täglich Seeausflüge und Hochseeangeln: Die »Agamenou«, *Auskunft über Mobiltel. 616 41 12 27 oder direkt im Hafen,* und der Glasbodenkatamaran »Fancy II«, *Auskunft im Hafen, Tel./Fax 922 40 60 57, www.lpb.com/fancy. Preise ab 18 Euro*

Landstraße Tazacorte–Puerto Naos [110–111 C–D 4–6]
Die Straße führt ca. 12 km bis Puerto Naos und geht durch dichtes Bananengebiet. Hier können Sie den Anbau der Früchte aus nächster Nähe sehen – und haben außerdem einen guten Blick aufs Meer.

Über die Bananenplantagen bei Tazacorte geht der Blick aufs Meer

61

DER NORDWESTEN

Schön und verschlafen

Stille, eine erholsame Landschaft und nur wenig Touristen

Diese Region ist, zusammen mit dem äußersten Norden, die am wenigsten für den Tourismus entwickelte. Aber auch die hier lebenden Palmeros fühlen sich – je weiter man nach Norden kommt – von staatlich geförderter Entwicklung vernachlässigt, wenn nicht gar ausgeschlossen. Schulwesen, Gesundheitswesen und Infrastruktur sind neuralgisch unterentwickelte Bereiche im Vergleich zu anderen Gebieten La Palmas. Diese traditionelle Isolation vom Rest der Insel und der Welt war eine Ursache dafür, dass aus diesem Gebiet besonders viele Menschen nach Venezuela emigrierten, legal und illegal. Sie kehrten selten zurück in ihre Heimat, die ihnen weniger zu bieten hatte als das Leben jenseits des Ozeans.

Viele *canteros* (Terrassenfelder) sind heute noch verlassen. Die rote Erde schimmert durch das von der Sommersonne gelb gedörrte Gras. Die Erde ist fruchtbar, und das Gebiet könnte satte Ernten einbringen. Doch bis die Produkte auf die fernen Märkte gelangen, wo sie

Blühende Kakteen

dann mit Kartoffeln und Wein aus Spanien konkurrieren müssen, sind die Erlösmargen schon vom Transport aufgefressen. Und der Ziegenkäse, der im Nordwesten erzeugt wird, sowie die vielen Früchte wie Aprikosen, Pflaumen und Pfirsiche können die Bauern nur mühsam ernähren.

Auf der Fahrt von Los Llanos nach Norden findet man das Gebiet bis Tijarafe noch relativ dicht besiedelt. Allenthalben stehen Mandelbäume. Puntagorda ist das Zentrum des gewerblichen Mandelanbaus. Dort findet jährlich Anfang Februar, manchmal auch schon Ende Januar, das viel besuchte Mandelblütenfest statt.

Ab Puntagorda werden die Barrancos tiefer und unzugänglicher, die Bergwände mitunter

Die felsenreiche Küste bei Garafía – Blick von der Punta de Santo Domingo

GARAFÍA

senkrecht. Die Straße 832 windet sich in endlosen Kehren um kleine Weinfelder, Aprikosen- und Pflaumenhaine und unter mächtigen Kiefern entlang.

Die Sonne ist heiß hier im Sommer, und erst im hohen Norden weicht die verbrannte Erde einem frischen Grün. Im Winter fällt der Regen häufig und lang anhaltend, taucht das Land in neue Frische und bewirkt manchmal einen Erdrutsch. Für den Touristen öffnet sich ein Land voller Stille, ja fast Verschlafenheit. Die Hauptorte Puntagorda und besonders Garafía sind ein Abbild des alten La Palma, als der Tourismus noch unbekannt war. Es gibt wenig Unterkünfte, dafür einige rustikale Bars und kleine Läden für das Nötige, Wanderwege, eine wunderschöne Mittelgebirgslandschaft und Spuren der Guanchen in einigen Felshöhlen. In dieser Region liegt auch La Palmas höchster Gipfel, der ✹ Roque de los Muchachos, mit majestätischen 2426 m Höhe und einem Observatorium. Von dort haben Sie einen tollen Rundblick.

GARAFÍA

[106 C2] Von aller Welt vergessen, so scheint es, ist Garafía, mit vollem Namen Santo Domingo de Garafía. Im Winter stürmt es an die Küste, der Regen liegt wie ein Ölfilm auf den Fensterscheiben. Da ist es gut, dass es in Garafía Bars gibt, in denen man beim Dominospiel und im geduldigen Warten auf irgendetwas die Zeit herumbringen kann. Die wenigen Dorfstraßen sind dann ausgestorben, und die tristen Fassaden schon lange nicht mehr gestri-

chener Häuser tragen noch mehr zur Verlorenheit dieses Orts bei. Hier gibt es die obligatorische Guardia-Civil-Station mit ihrem festungsartigen Bau, ein Kirchlein, einige Läden, eine Tankstelle, einige Restaurants, eine Zwergschule und rund 2000 Menschen, die bisher ziemlich abgeschnitten lebten.

Die mangelnde Kommunikation mit dem Rest der Insel war immer das größte Problem für das Leben der Menschen hier. Das soll sich seit dem Bau der Straßenverbindung Barlovento–Garafía ändern, jetzt ist Garafía von Santa Cruz aus bequemer zu erreichen. Vielleicht gibt es nun eine Chance, Investoren heranzuziehen, mehr Geld von der Regierung für dringende Sozialprojekte und einen schnellen Absatzweg für die traditionellen Produkte wie Wein, Ziegenkäse und Holzkohle zu bekommen.

Einstweilen wartet man wie die Männer beim Dominospiel. Entweder auf die Rückkehrer mit Geld aus der fernen Emigration oder auf ein Ende der Isolation. Da könnte der lang gehegte Investitionsplan der Regierung helfen, der mit 120 Mio. Euro der Region und Garafía unter die Arme greifen will.

Garafía hat in der frühen Francozeit besonders gelitten, noch heute erzählen die Alten, dass man ohne Strafe auf eigene Rechnung keine Kartoffeln verkaufen durfte. Das blieb dem Bürgermeisteramt vorbehalten. Für Menschen, die von der Landwirtschaft leben mussten, ein wirksamer Würgegriff. Ganze Nachbarschaften wanderten aus, und die meisten kehrten nicht zurück. Das fruchtbare Land liegt nun vielfach brach, einzig die Ziegenherden betreten es noch.

DER NORDWESTEN

Einmal im Jahr geht es allerdings richtig rund in Garafía: wenn am 13. Juni die größte Viehschau der Insel mit einem *Riesenvolksfest* in *San Antonio del Monte,* oberhalb vom Ort Garafía, abläuft. »So viele Autos, wie dann an einem Tag kommen, sehen wir das ganze Jahr nicht«, sagt ein Alter und lässt die Dominosteine klicken. Aber auch ohne dieses Spektakel, bei dem dicke Rinder und langhaarige Ziegen prämiert werden und der Wein in Strömen fließt, ist Garafía von großem Reiz. Wie alle Orte im Norden hat es sich das authentisch Palmerische erhalten, unfreiwillig zwar und zum Nachteil seiner Bewohner, aber zum Entzücken der fremden Besucher.

Insider Tipp

SEHENSWERTES

Templo de Nuestra Señora de la Luz

Sie ist eine der ältesten Kirchen der Insel, erbaut wurde sie bereits 1550. Besonders schön ist die hölzerne Kassettendecke im Mudejar-

stil. *Plaza de Baltazar Martín, tagsüber geöffnet*

ESSEN & TRINKEN

El Bernegal

Insider Tipp

Restaurant einer einheimischen Kooperative. Ein wirklicher Höhepunkt in der kulinarischen Ödnis des Nordens! *Calle Díaz y Suárez, 5, Mo geschl.,* €€€

Parrilla El Bailadero

Hier gibt es Gegrilltes und Wein aus der Gegend, auch *vino de tea,* der durch das Pinienholz der Fässer harzig schmeckt. *An der Abzweigung von der 832 zum Roque de los Muchachos, Do geschl.,* €

ÜBERNACHTEN

Seit 1995 laufen im Gebiet um Garafía einige touristische Projekte, die u. a. von europäischen Trägern initiiert wurden. Es geht vor allem um Volksmuseen, Fabriken für einheimische Erzeugnisse (Käse) und um Unterkünfte im Rahmen des

---

MARCO POLO Highlights »Der Nordwesten«

★ **Roque de los Muchachos**
Die beste Aussicht der Insel in majestätischer Höhe (Seite 67)

★ **Punta de Santo Domingo**
Aussichtspunkt hoch über dem Meer, von dem man auch zum »Hafen« von Garafía hinabsteigen kann (Seite 67)

★ **Garafía–Las Tricias**
Auf dieser etwa 10 km langen Nebenstrecke überquert man atemberaubende Barrancos (Seite 66)

★ **El Tablado**
Wo La Palma zu Ende ist, liegt – umgeben von Bergen und Meer – das traditionelle Dörfchen (Seite 67)

GARAFÍA

ländlichen Tourismus *(turismo rural)*. In diesem Zusammenhang ist auch die *Herberge Bakken* entstanden: *48 Betten in 4 Zimmern, es gibt auf Wunsch auch Vollpension, Anmeldung Tel. 922 40 04 44, €*

FREIZEIT & SPORT

Baden und Angeln
Unterhalb von Garafía, am Ende der Straße nach El Puerto (ausgeschildert), gibt es einen Parkplatz. Von dort führt ein schmaler Pfad hinunter zu einem alten Anleger und zu einigen Fischerhütten. Der Abstieg dauert 15 bis 20 Minuten. Bei Niedrigwasser können Sie dort in einem kleinen Naturbecken baden und von dort auch angeln.

ZIELE IN DER UMGEBUNG

Archäologischer Park La Zarza [107 D3] *(Insider Tipp)*
Am Ende eines Barrancos liegt unweit von Garafía im Landesinnern die La-Zarza-Höhle *(Fuente de la Zarza)* mit einigen Felsenschriften in ihrer unmittelbaren Nähe sowie einem Informationszentrum mit Videoshow. *Oberhalb von Garafía, auf der Landstraße nach Barlovento, Mo–Sa 10–18, So 10–14 Uhr, Eintritt 1,80 Euro*

Garafía–Las Tricias [106 B–C 2–4]
★ Die Nebenstrecke in Richtung Süden, von Garafía nach Las Tricias, beginnt im Ort Garafía (ausgeschildert) und verläuft weit unterhalb der Landstraße 832. Es geht über tiefe Barrancos, die von zahlreichen Höhlen durchzogen sind, vorbei an alten kanarischen Häusern, und der Blick reicht über gelbbraune Hügel zum Meer.

In Las Tricias, hinter dem ersten Kaufmannsladen rechts, können Sie *(Insider Tipp)* auf einer staubigen Piste hinunterfahren. Vorbei an den Autowracks diverser ausländischer Residenten und an so genannten alternativen Wohnsitzen geht es durch eine mit

Das Observatorium auf dem Roque de los Muchachos

|66

DER NORDWESTEN

Exponierte Lage: das Dörfchen El Tablado an der Nordküste

Terrassen durchzogene Landschaft. Schon nach kurzer Zeit kommt auf der rechten Seite der *Drachenbaumhain von Buracas* in Sicht.

Punta de Santo Domingo [106 B2]

★ 3 km unterhalb von Garafía, am Friedhof vorbei, führt eine Straße (Hinweisschild »El Puerto«) zu einem ↙ Parkplatz mit Picknickgelegenheit. Dies ist ein Aussichtspunkt oberhalb der Punta de Santo Domingo. Beim Blick nach Norden sehen Sie riesige Felsen in der Brandung stehen. Die Aussicht reicht weit die Küste entlang und zurück auf die Berge.

Roque de los Muchachos [107 E5]

★ Auf der Strecke Garafía–Santa Cruz geht es in endlosen engen Kehren in die Höhe. Nach 12 km Fahrt durch einen Kiefernwald und durch im Mai und Juni gelb blühende Ginsterfelder erreichen Sie den höchsten Berg La Palmas. Folgen Sie den Hinweistafeln (rechts am Verwaltungsgebäude des Observatoriums vorbei), so kommen Sie zum mit 2426 m höchsten ↙ Aussichtspunkt der Insel (Informationskiosk). Bei gutem Wetter reicht der Blick über die ganze Insel bis zum Berg Teide auf Teneriffa.

In den Wintermonaten behindern häufig Eis oder abgerutschte Steine die Zufahrt, mitunter gibt es auch äußerst hinderlichen Schneefall. Achtung: Der Parkplatz beim Aussichtspunkt ist öfters Schauplatz von Autoaufbrüchen!

El Tablado [107 E2]

★ ↙ Malerisch gelegener Weiler an der Nordküste, wo auch einige imposante Drachenbäume stehen.

PUNTAGORDA

[106 B4–5] Der zweite größere Ort in dieser Region ist Puntagorda. Von Los Llanos liegt er etwa 26, von Garafía etwa 20 km entfernt an der breitesten Stelle der Insel. Tiefe

67

PUNTAGORDA

Dieses Häuschen steht in Puntagorda

Barrancos mit Höhlen und steilen Wänden behinderten für ziemlich lange Zeit den Zugang in das Gebiet. Heute ist Puntagorda dank der gut ausgebauten Landstraße 832 jedoch genauso schnell erreichbar wie alle anderen Orte La Palmas. Das Gebiet ist trocken und warm. Die Menschen leben überwiegend von der Landwirtschaft. Die rote Erde lässt alles gedeihen, sobald Wasser herangeführt wird, etwa Bananen, Äpfel, Pflaumen, Aprikosen, Feigen, Wein, Tomaten und Mandeln. Dies ist das Hauptanbaugebiet für Mandeln, ihre kräftig grünen Blätter auf schwarzem Stamm sind überall zu sehen.

Für viele ist die Gegend um Puntagorda der schönste Teil der Insel, aber eben ganz anders als die feuchtere und somit grünere Ostküste. Die recht vielfältige Vegetation – es wachsen Palmen, Drachenbäume und subtropische Früchte genauso wie nordeuropäische Obstsorten und knorrige Kiefern – sowie die schroffen Berge und das ewig blaue Meer machen den Reiz der hiesigen Landschaft aus. Das haben auch viele Ausländer erkannt, die sich hier niedergelassen haben. Für lange Zeit gab es eine alternative Szene, die Landbau betrieb. Puntagorda ist Mittelpunkt des *Mandelblütenfests*, bei dem u. a. Musikgruppen auftreten.

ESSEN & TRINKEN

Parrilla Terraza
Pino de La Virgen
Dieses Restaurant mit dem langen Namen hat als Spezialitäten Kaninchen und Zicklein in Sauce, auch Wein der Gegend. Man kann draußen unter Bäumen sitzen. *Puntagorda, Pino de la Virgen, kein Ruhetag, €–€€*

ÜBERNACHTEN

Es sind einige Privatunterkünfte deutscher Residenten vorhanden,

68

DER NORDWESTEN

außerdem gibt es Unterkünfte im Rahmen des Projekts *turismo rural*. Auskunft erhalten Sie in der Parrilla *Terraza Pino de la Virgen*.

Pensión Mar y Monte
Die kleine, familiäre Pension ist in einem neuen Gebäude mit gemütlichem Gemeinschaftsbetrieb untergebracht. *5 Zi., Calle Pino de la Virgen, 7, Tel./Fax 922 49 30 67,* €

ZIELE IN DER UMGEBUNG

Barranco Izcagua [106 B4]
Zwischen El Fayal und Las Tricias liegt diese tiefe Schlucht mit endemischer Vegetation.

Picknickplatz El Fayal [106 B4]
Insider Tipp

Wenn Sie auf der nach Puntagorda hineinführenden Dorfstraße weiterfahren in Richtung Süden, liegt etwa 1 km weiter linker Hand ein Picknickplatz mit Grillstellen, Holz, Wasser, Toiletten sowie Schaukeln für Kinder. Am Wochenende besuchen gern palmerische Familien diesen Platz – was Ihnen eine gute Möglichkeit bietet, Kontakte mit Einheimischen zu knüpfen.

San-Mauro-Kirche [106 A4]
Insider Tipp

Unterhalb von Puntagorda, in Richtung Küste, gelangen Sie nach wenigen Kilometern zu der aus dem 16. Jh. stammenden Kirche des Schutzpatrons San Mauro Abad. Der Bau wurde 2001 renoviert, und der Platz dort, unter alten Eukalyptusbäumen in der Nähe einer ebenfalls verfallenen Finca, lädt zum Verweilen ein. Das Fest des San Mauro wird in der dritten Augustwoche mit einer Prozession zur alten Kirche gefeiert.

Die nach den Sternen greifen

Das Observatorium auf dem Roque de los Muchachos

Am Rand des Nationalparks Caldera de Taburiente, in luftigen 2400 m über dem Meeresspiegel, steht Europas größtes Nachtteleskop, zusammen mit dem William-Herschel-Teleskop, dessen Spiegel einen Durchmesser von 4,20 m hat. 1985 wurde mit der Installation des Observatoriums begonnen. Heute arbeiten dort rund um die Uhr Wissenschaftler, Computerfachleute, Ingenieure, Mechaniker, Administratoren usw. aus den am Projekt beteiligten Nationen wie Dänemark, Deutschland, England, Finnland, Frankreich, Holland, Schweden, Spanien u. a. Die Besichtigung des Observatoriums wird grundsätzlich nur Fachleuten ermöglicht, obgleich es mehrere Male im Jahr einen »Tag der offenen Tür« gibt, allerdings ohne feste terminliche Planung. Auskunft erteilt das Touristenbüro in Santa Cruz *(Calle O'Daly, 22, in der Casa Salazar, Mo–Fr 10–13 und 17–19, Sa 10.30–13 Uhr, Tel. 922 41 21 06)*.

NATIONALPARK

Caldera de Taburiente

Wanderparadies in der Urlandschaft des größten Erosionskraters

Viele kommen einzig und allein ihretwegen: Geologen, Biologen, Ornithologen, Höhlenforscher, Alpinisten und Wanderer. Ihre Ausmaße sind nahezu gewaltig – mit rund 10 km im Durchmesser, mit Höhenunterschieden von bis zu 2000 m und mit Gipfeln, die 2400 m in den Himmel steigen und im Winter von Schnee bedeckt sein können. Die *Caldera de Taburiente* **[107 E–F 5–6, 111 E–F 1–2]**, der »Kessel von Taburiente«, ist in vielerlei Hinsicht das Herz der Insel La Palma, nicht nur geografisch gesehen. Hier liegen nicht nur die reichsten unterirdischen Wasserreservoires der Insel. Hier leben auch alle wild vorkommenden Tierarten, gedeihen alle Arten der reichen palmerischen Flora.

Die Landschaft hat etwas Mystisches. Unter den steilen Wänden, in einer raumfüllenden Stille, die hin und wieder vom Rauschen des Wassers, dem Wind in den Pinien und dem durchdringenden Ruf einer *graja*, der palmerischen Dohle, unterbrochen wird, kommt sich der Mensch recht klein und unbedeu-

Ausblick von La Cumbrecita in die Weiten der Caldera de Taburiente

Roque de los Muchachos

tend vor. Dies mögen einst auch schon die Guanchen, die Ureinwohner La Palmas, empfunden haben, denn dieses Gebiet, einige Felsen, Gesteinsformationen und Bäume waren ihnen heilig; Orte, an denen sie ihrem Gott Abora Opfer darbrachten, um Schutz vor Steinschlag und plötzlichen Wetterwechseln zu erflehen.

Geopfert wird in unseren Zeiten bestenfalls dem Tourismus, doch Wind und Wetter sind geblieben. Die Urlandschaft, zum Teil durch Wanderpfade zugänglich, mit ihren steilen Wänden, ihren Monolithen, Wasserfällen und Bächen, mit alten Pinien und verkrüppelten Zedern und mit Weitblicken über bizarre Felsen hinweg, ist heute und besonders seit der Einrichtung als Nationalpark zum Wanderparadies geworden.

NATIONALPARK

Blumenwiese in der Caldera

Kampf um Land und Wasser
Fernández de Lugo, der 1493 La Palma eroberte, hatte ziemlich schnell die Insel unter seiner Kontrolle. Von den zwölf Kantonen, an deren Spitze jeweils ein *mencey*, ein Fürst, stand, waren elf nach sieben Monaten in Lugos Hand. Allein der zwölfte, im heutigen Kessel von Taburiente gelegen, war nicht so rasch zu unterwerfen. Hier hatte sich der Guanchenfürst Tanausú verschanzt. Die steilen Felswände, aus deren Innerem nur ein einziger Ausgang herausführte, nämlich der leicht kontrollierbare *Barranco de Angustias,* der bei Tazacorte ins Meer mündet, bildeten eine natürliche und schwer einzunehmende Festung.

Lugo, ohnmächtig, mit seinen Waffen und Reitern in diese Art von Festung einzudringen, griff zu einer List. Er lockte Tanausú unter Versprechungen aus dessen sicherem Versteck und nahm ihn gefangen. So ihres Führers beraubt, ergaben sich die Belagerten, und Fernández de Lugo konnte nach Spanien melden, dass er La Palma endgültig erobert habe.

Zwar fanden die Spanier, die bei ihren Eroberungszügen stets auf Gold aus waren, davon nichts in der Caldera. Dafür machten sie eine andere, für die Kolonisation der Insel wichtige Entdeckung: Wasser. Es sprudelte aus zahlreichen Quellen der steinigen Kesselsohle hervor und brauchte nur aufgefangen, kanalisiert und gesammelt zu werden.

Die Icona ist alleinige Verwalterin des inzwischen zum Nationalpark umgewandelten Kessels von Taburiente geworden. 1954 wurde das Gebiet zum Naturpark erklärt, 1981 auf seine jetzige Ausdehnung von 4690 ha erweitert. Damit, laut Icona, »die Arten, mit denen der Mensch seinen Lebensraum teilt, möglichst nicht zu Schaden kommen«.

Kein Vulkankrater, sondern eine Wasserhöhlung
Die Caldera ist kein Krater, der durch einen Vulkanausbruch entstanden ist. Jahrelang waren die Wissenschaftler dieser nahe liegenden Ansicht, wofür auch der Name »Kessel«, die gängige wissenschaftliche Bezeichnung für einen Vulkankrater, steht. Langwierige Forschungen haben aber bewiesen, dass allein die Wasserkraft und Einstürze im Lauf der Zeit das Gebiet ausgehöhlt haben, mit zahlreichen stehen gebliebenen Felsen, die überwiegend aus Basaltgestein bestehen.

72

NATIONALPARK

Die Flora in der Caldera

In der Caldera kommen, wegen des großen Höhenunterschieds und der damit verbundenen unterschiedlichen Klimazonen, fast alle der auf La Palma heimischen Pflanzenarten vor. Betritt man den Naturpark von Südwesten kommend durch den *Barranco de Angustias,* ist die Pflanzenwelt noch auf die wärmeren Niederungen eingestellt. Hier wachsen mächtige Maulbeerbäume und verknorpelte Feigenbüsche. Auf den vom Menschen kultivierten Terrassen stehen Orangenbäume, gedeihen Getreide, Tabak und selbst Wein. Sobald Sie die Ebene hinter sich gelassen haben, treffen Sie auf die Kanarische Kiefer. Sie prägt hauptsächlich die Hänge der Caldera und klammert sich selbst noch an Steilwände. Zusammen mit den Kiefern findet man häufig die *amagante* (Zistrose), eine auffallend hellrosa blühende Pflanze, sowie *faro* (Genosperum), der leuchtend gelb blüht. Beides sind endemische Pflanzen der Kanaren. Am reichhaltigsten sind jedoch Felspflanzen, dickblättrige gelbgrüne, rötliche und sattgrüne Arten von Aeonium und *taginaste* (Elchium) mit ihren langen Blütenkerzen. In den Höhenlagen blühen der Geißklee und versteckt stehende Blumen wie etwa eine violette Veilchenart, die es ebenfalls nur auf La Palma gibt.

Die Fauna in der Caldera

Beim Wandern in der Caldera müssen Sie schon genau hinsehen, um überhaupt ein tierisches Lebewesen zu entdecken. Meist sind es Eidechsen und kleine Spinnen, die man erspäht, und in den Bachläufen und stehenden Pfützen auch eine kleine Froschart. Tausendfüßler und kleine schwarze Spinnen, die schmerzhaft beißen können, verbergen sich unter Steinen. Die Tausendfüßler haben mitunter eine Länge von bis zu 15 cm. Doch wirklich gefährliche Tiere gibt es in der Caldera nicht.

Die größten Tiere sind Kaninchen. Es wurden zwar auch Mufflons ausgesetzt, aber sie wurden kaum mehr gesehen, und es ist fraglich, ob es sie überhaupt noch gibt.

Am häufigsten werden Sie in der Caldera Vögel beobachten können. Das Krächzen der Krähen hallt von den Felswänden wider, und die *graja,* die palmerisch-endemische Dohle mit ihren roten Füßen und dem roten Schnabel, ist ein ständiger Begleiter auf einer Calderawanderung. Außerdem können Sie Ringeltauben, Falken, Amseln und ver-

---

MARCO POLO Highlights
»Nationalpark«

★ **Wandern in der Caldera**
Mehrere Wanderwege
führen zu den schönsten
Plätzen des Nationalparks
(Seite 76)

★ **Quellen in der Caldera**
Kein Nationalpark auf
den Kanarischen Inseln
ist so reich mit Wasser
gesegnet (Seite 75)

NATIONALPARK

Der Wasserfall Dos Aguas in der Caldera de Taburiente wäscht Mineralien aus dem Gestein

schiedene Finkenarten sehen. Mitunter verirrt sich auch eine einsame Möwe vom Meer herauf bis in den Eingang zur Caldera.

Klimatische Verhältnisse

Die Caldera ist nach Norden hin, zur Haupteinfallsrichtung der Winde, abgeschirmt. Nur selten gelangt der Wind aus dieser Richtung bis hinunter auf die Kesselsohle. Dagegen gibt es Zeiten, in denen der von Afrika herüberkommende, heiße und trockene *levante* in die Caldera drückt. Nachts ziehen durch den *Barranco de Angustias* kalte – und feuchte – Luftströme, die vom Ozean heraufkommen. Für alle Fälle sollten Sie als Wanderer, der sich länger in der Caldera aufhalten will, wärmere Kleidung für die Nacht dabeihaben und für den Tag nicht ohne eine gegen die Sonne schützende Kopfbedeckung unterwegs sein.

Im Übrigen gibt es natürlich auch Schnee im Winter. Allerdings sind nur die höchsten Gipfel mit Eis und Schnee bedeckt, in der Caldera selbst schneit es nicht.

Wasser im Park

Kein Naturpark auf den Kanarischen Insln ist mit Wasser so reich gesegnet wie die Caldera de Taburiente. Mehrere Bachläufe entspringen am nördlichen Rand des Kes-

NATIONALPARK

sels. Aus zahlreichen ★ Quellen sprudelt kühles, klares Wasser und fließt über kleine Wasserfälle und rund gewaschene Basaltfelsen abwärts. An manchen Stellen ist das Wasser rötlichbraun gefärbt, besonders im *Barranco Almendro Armago,* hervorgerufen durch im Wasser gelöstes Eisenhydrat.

Das Wasser, der Geburtshelfer der Caldera, hat in Jahrmillionen das Oberflächengestein abgehoben. So kommt es, dass an vielen Stellen unvermittelt Monolithen stehen, die bis heute der Kraft des Wassers widerstanden haben. Diese einzeln stehenden Felsen tragen auch zum Reiz der Landschaft bei. Einer davon, der *Idafe,* gehörte einst zum größten Heiligtum der Guanchen.

Der Aufenthalt im Park

Bevor Sie die Caldera de Taburiente und das Grenzgebiet des Nationalparks bewandern, sollten Sie sich im *Icona-Besucherzentrum* in El Paso eingehend über alle Gegebenheiten des Parks informieren. Dazu gehören besonders Auskünfte über die lokale Wettersituation, den Zustand der Routen und Wanderwege und gegebenenfalls das Einholen einer Camperlaubnis für den einzig dafür vorgesehenen Platz innerhalb der Caldera. Bei der Icona erhalten Sie auch Karten- oder Skizzenmaterial. Außerdem stellt die Icona Interessierten im Sommer kostenlos kundige Wanderführer (Juni–August). *Das Icona-Besucherzentrum liegt an der Hauptstraße Santa Cruz–El Paso, am Abzweig zur Cumbrecita.*

Die von der Icona herausgegebenen Empfehlungen und Ratschläge für Wanderer sollten Sie strikt beachten – besonders, was die Zweckmäßigkeit der Kleidung und Ausrüstung angeht. Auch die Wettersituation dürfen Sie keinesfalls unterschätzen. Was frühmorgens noch wie der Beginn eines strahlend schönen Tags aussieht, kann schon innerhalb weniger Stunden zu einem massiven Wettereinbruch führen.

Die grüne Insel – bald schwarz?

Waldbrände sind auch auf La Palma ein Problem

Im August 1994 wüteten im Nordosten La Palmas große Brände, die sich bis an den Rand der Caldera vorfraßen. Fast 3000 ha Wald- und Buschland verwandelten sich innerhalb weniger Tage in eine schwarze Aschelandschaft. Alteingesessene Palmeros erinnerten sich nicht, jemals derartige Flächenbrände erlebt zu haben, obwohl es fast in jedem Jahr brennt. Die Ursachen für die Brände mögen verschiedener Natur sein. Eine davon ist der achtlose Umgang mit Zigarettenkippen und Grillfeuern. Lassen Sie deshalb als Tourist diesbezüglich ganz besonders große Vorsicht walten – damit La Palma grün bleibt!

NATIONALPARK

Vom Roque de los Muchachos überblicken Sie die ganze Insel

Neben dem Icona-Personal gibt es auch private sowie von den Reiseunternehmen bestellte Wanderführer, die kleine Gruppen durch die Caldera führen und Ausflüge zu den interessanten auf der Cumbre liegenden Punkten organisieren.

Natürlich können Sie Wanderungen in der Caldera oder auf der sie umschließenden Cumbre auch selbst organisieren.

Wandern in der Caldera

★ Ein günstiger Ausgangspunkt für eine Wanderung in der Caldera ist Los Llanos. Sie fahren mit dem Auto am Busbahnhof vorbei Richtung Berge. Zunächst ist die Straße noch asphaltiert, sie führt durch Bananenhaine und an Vororthäusern vorbei. Bald geht es in die Höhe, unten links sehen Sie den *Barranco de Angustias*. Auf der gegenüberliegenden Seite kleben einige Fincas an einem Hang mit bewirtschafteten Terrassen.

Nach ca. 3 km müssen Sie den Barranco und dessen Bach überqueren. Hier warten Taxis, die für ca. 9 Euro Wanderer die serpentinenreiche Straße hinauffahren. Nach etwa 8 km – zuvor passieren Sie den kleinen Weiler *Hacienda de la Cura* – erreichen Sie den Endpunkt der Piste in ↯ *Los Brecitos* mit seinem Aussichtspunkt. Von dort führt ein gut erkennbarer Wanderweg in den Barranco hinunter. Vom Campingplatz trennen Sie jetzt noch ca. zwei Stunden. Von dort, wo auch ein Informationszentrum liegt, können Sie verschiedene Wanderungen unternehmen, über die die einschlägigen Informationsblätter der Icona Auskunft geben.

Aussichtspunkte und Wanderungen auf der Cumbre

↯ Die Caldera können Sie auf der Cumbre entlang vollständig umwandern. Zwischendurch gibt es Aussichtspunkte und Gipfel, die Ihnen einen phantastischen Blick über den großen Erosionskessel erlauben. Die Aussichtspunkte *Roque de los Muchachos* und *Mirador de las Chozas* sind in den entsprechenden Kapiteln und in den Routen beschrieben. Daneben gibt es noch eine Reihe anderer Gipfel, die zum Teil per Auto erreichbar sind.

Die *Pared de Roberto* ist über die zum Roque de los Muchachos führende Landstraße erreichbar.

| 76

NATIONALPARK

Der *Pico de la Cruz,* ebenfalls über die Landstraße zum Roque de los Muchachos erreichbar, liegt ungefähr 5 km vor dem Gipfel, durch einen Antennenmast leicht zu finden. Von dort folgen Sie entweder südwärts oder nordwärts dem Cumbrewanderweg und gelangen südwärts zur *Piedra Llana* und zum *Pico de la Nieve,* zwei um die 2300 m hohen Gipfeln, von denen Sie einen weiten Blick über die Caldera haben. Diese Aussichtspunkte sind auch von Süden, vom *Refugio el Pilar* aus, zu Fuß zu erreichen.

Wandern Sie vom *Roque de los Muchachos* auf der Westseite der Caldera nach Süden, so gelangen Sie schließlich bis *El Time,* dem oberhalb vom *Barranco de Angustias* liegenden Aussichtspunkt mit Restaurant. Der Beginn dieses Höhenwanderwegs liegt bei der Icona-Holztafel kurz vor dem Aussichtspunkt *Roque de los Muchachos.* Bis *El Time* sind es, je nach Ihrer Kondition, sechs bis sieben Stunden.

Der Wanderpfad ist zum Teil schlecht erkennbar, und Sie sind gut beraten, zuvor ausführliche Informationen bei der Icona einzuholen. Die Icona hat folgende Verhaltensregeln für den Aufenthalt im Nationalpark Caldera de Taburiente herausgegeben: Sie dürfen Abfälle nicht wegwerfen. Um die Eigenheiten der Region zu wahren, darf nichts entfernt und beschädigt werden. Tiere und Pflanzen, die im Nationalparkgebiet nicht vorkommen, dürfen nicht eingeschleust werden. Die Jagd ist ohne Genehmigung nicht erlaubt. Wildes Zelten, das Entfachen von Feuer und das Begehen der als Reservat gekennzeichneten Zonen sind verboten.

Für Wanderungen im Nationalpark gelten folgende Empfehlungen: Wandern Sie niemals allein, tragen Sie Wanderschuhe oder Bergstiefel, verlassen Sie nicht den Weg, schützen Sie sich vor Sonne und Kälte, und führen Sie genug Trinkwasser mit sich.

Literaturtipps

Die Kanarischen Inseln in Wort und Bild

Es gibt eine Reihe von Büchern, die sich, der Vielfältigkeit der Insel folgend, mit ganz speziellen Themen befassen. Hier eine Auswahl: »Die Kanarischen Inseln. Ihre Ureinwohner und die Eroberer« von J. Pérez Ortega; »Tanausú, der letzte König der Kanaren« von Harald Braem, Roman über den Kampf der palmerischen Ureinwohner gegen die Spanier; »Die Kanarischen Inseln und ihre Pflanzenwelt« von Günther Kunkel; »Die exotische Pflanzenwelt auf den Kanarischen Inseln« von Juan-Alberto Rodríguez Pérez; »Guía de las Aves de las Islas Canarias« von José Manuel Moreno. Dies ist ein farbig illustrierter Vogelführer mit mehrsprachigen (auch deutschen) Erklärungen.

AUSFLÜGE & TOURS

Grüne Insel mit heißem Herzen

Die Touren sind in der Karte auf dem hinteren Umschlag und im Reiseatlas ab Seite 106 grün markiert

1 DURCH DEN NORDEN BIS ZUM DACH DER INSEL

Auf dieser Tour erleben Sie La Palmas vielfältige Landschaft mit ihrer je nach Höhenlage unterschiedlichen Vegetation. Sie können eine erfrischende Badepause in einem der Naturmeeresschwimmbecken einlegen (Badesachen nicht vergessen!) und gelangen schließlich in die Nordwestecke der Insel mit ihren zum Teil schon längst nicht mehr bestellten Terrassenfeldern. Höhepunkt ist der Roque de los Muchachos (2426 m), der höchste Berg der Insel, mit einem unvergesslichen Fernblick. Etwa 120 km Gesamtlänge, für die Sie wegen der kurvenreichen Strecke allerdings einen ganzen Tag ansetzen sollten.

Gleich nördlich von *Santa Cruz (S. 31)* geht es auf der breiten Asphaltstraße recht kurvenreich aufwärts. Nach ca 15 km lassen Sie rechts *Puntallana (S. 39)* liegen, einen von der Landwirtschaft gepräg-

Das Befahren der Bergstraßen erfordert erhöhte Aufmerksamkeit

ten Ort mit einem volkskundlichen Museum, der *Casa Luján* (ausgeschildert), das in einem alten kanarischen Haus eingerichtet ist.

Etwa 4 km hinter Puntallana weist ein Schild rechts auf den ↘ *Mirador de San Bartolomé (S. 39)*. Von dort gibt es einen umfassenden Rundblick.

Zurück auf der Hauptstraße, passieren Sie dann mehrere Tunnel, hinter dem längsten gibt es rechts eine gute Parkmöglichkeit. Von der ↘ Straßenbrücke aus können Sie es sich bei einem Schwindel erregenden Blick in die Tiefe des *Barranco de la Fuente* etwas gruselig werden lassen.

Los Sauces (S. 27), der wohlhabende Hauptort der Region, liegt bald schon in Reichweite. Doch noch einmal gilt es, so lange die geplante, riesige Brücke noch nicht fertig ist, eine weit ausholende Serpentine zu fahren. Um den Hauptplatz an der Kirche befinden sich einige Bars und ein kleiner Park mit Bäumen und einigen exotischen Pflanzen. Bei der Weiterfahrt nach Norden ist bei einem Blick nach rechts die Quelle des ländlichen Wohlstands der Gegend auszumachen: Bananenterrassen ohne En-

79

Die Naturschwimmbecken La Fajana in der Nähe von Barlovento

de. Ungefähr 6 km hinter Los Sauces geht es rechts hinunter in Richtung des schon erkennbaren Leuchtturms. Ziel sind dort die *Naturschwimmbecken von La Fajana (S. 30)*. Sie sind gut beraten, wenn Sie hier nicht gleich dem ersten, sondern erst dem zweiten Wegweiser folgen – der Zustand der Straße ist dort deutlich besser. Sonntags und in den Sommerferien kann es an diesem Ort etwas voll sein, doch das Baden, geschützt hinter der Brandung, lohnt allemal. Außerdem gibt es ein Restaurant, von dessen ↓ Terrasse sich Ihnen ein hübscher Blick auf die wild zerklüftete Nordküste der Insel bietet.

Nach der Badepause geht es erneut steil aufwärts. *Barlovento (S. 30)*, der nächste Ort, hat wenig zu bieten, Sie sollten ihn einfach rasch durchfahren. Zur anderen Inselseite gibt es nun zwei Wege: die alte, inzwischen ebenfalls geteerte Piste durch den Wald und eine neuere Strecke etwas unterhalb. Erlebnisreicher ist auf jeden Fall die ★ *alte Verbindungsstraße Barlovento–Garafía*. Aber es gibt einen Vorbehalt: Bei Bauarbeiten wird sie oft in der einen oder anderen Richtung zur Einbahnstraße erklärt. Sie ist mitunter eng und führt durch mehrere Tunnel. Es geht an tiefen Barrancos vorbei, manchmal auch durch dichten Lorbeerwald und über ↓ Höhen mit Ausblicken bis hinunter zum Ozean.

Nach ungefähr 15 km stoßen Sie auf die neue Straße, und zwar beim Weiler *Roque Faro (S. 30)*. Dort lohnt sich eine Einkehr in die *Bar Los Reyes (€)*, um den Teawein und eine Portion Ziegenfleisch zu probieren.

Von Roque Faro geht es rasch abwärts, das Land öffnet sich allmählich, Felder werden sichtbar. Nachdem Sie das *Forsthaus* passiert haben, gelangen Sie schon recht bald auf den Abzweig nach *Santo Domingo de Garafía*. Empfehlenswerter ist hier allerdings die Nebenstrecke, die mit *Cueva de Agua* ausgeschildert ist. Jetzt fahren Sie etwa

AUSFLÜGE & TOUREN

4 km hinunter, vorbei an kanarischen Fincas, durch kleine Mandelhaine, entlang an Terrassenfeldern, auf denen oft nichts mehr angebaut wird und wo deshalb nur wilde Blumen blühen. Die Landschaft ist sanft und idyllisch.

Wenn Sie dann erneut auf eine größere Straße stoßen, fahren Sie rechts nach *Garafía (S. 64)* hinein. Der Ort ist ziemlich verschlafen, besitzt aber eine schöne Kirche und einige Bars. Für das Mittagessen ist das Lokal *El Bernegal,* €€€, zu empfehlen. Folgen Sie der Straße von dort aus in Richtung Meer, vorbei am Friedhof, gelangen Sie nach wenigen Kilometern zur *Punta de Santo Domingo (S. 67)* mit einem tollen Blick über die schroffe Küste. Von Garafía sind es dann auf der vorhin verschmähten Strecke 7 km zurück bis zur Hauptstraße 830. Nach weiteren 3 km Richtung Puntagorda biegt links die Straße zum *Roque de los Muchachos (S. 67)* ab. Nun geht es in zum Teil sehr engen Kurven aufwärts. Je mehr an Höhe gewonnen ist, desto spärlicher wird der Wald. Bald öffnet sich die Landschaft zu Geröllfeldern. Nach 12 km erreichen Sie das *Observatorium,* das aber nur an wenigen Tagen im Jahr zu besichtigen ist *(Auskunft im Touristenbüro Santa Cruz).* Die kleine Straße führt bis zum Aussichtspunkt. Dort befinden sich ein kleiner Parkplatz und ein Infokiosk. Nur einige Schritte vom Parkplatz entfernt stehen Sie dann auf dem Dach von La Palma. Der Ausblick, den Sie von hier oben haben, ist – gutes Wetter vorausgesetzt – atemberaubend: Die Küsten der Insel sind auszumachen, und der Blick geht durch gewaltige Barrancos in die Tiefe. Mitunter ist der Teide, die höchste Erhebung auf der Nachbarinsel Teneriffa, wie ein am Horizont verankertes Schiff zu erkennen.

Die Rückfahrt erfordert noch einmal Können und Geduld des Fahrers, denn es geht in endlosen Serpentinen über 40 km wieder hinunter nach Santa Cruz.

2 ÜBER GEFLOCHTENE LAVA BIS ZUM NOCH HEISSEN TENEGUÍA

Start ist in Los Llanos. Anfangs fahren Sie durch die Lavafelder des San

Die Plaza de la Alameda in Santa Cruz de la Palma

Juan zum südlichsten Punkt der Insel, wo Sie gleich zwei Vulkane hautnah erleben können. Von dort gehts auf die Ostseite und weiter nach Norden zum Refugio El Pilar, einem idealen Picknickplatz – nehmen Sie sich etwas Verpflegung mit. Anschließend führt die Route durch ein Schlackegebiet der Cumbre Nueva nach El Paso. Die etwa 100 km sind an einem guten halben Tag zu bewältigen. Der Ausflug bietet einen Überblick über die vulkanische Seite der Insel ohne beschwerliche Wanderung.

Von *Los Llanos (S. 54)* aus folgen Sie der Hauptstraße in Richtung *Puerto Naos* bis nach *Todoque,* von dort geht es links weiter Richtung *Las Manchas.* Das vor Ihnen liegende 4 km lange Zwischenstück der Strecke ist zu beiden Seiten mit noch jungen Palmen bepflanzt, und man kann sich vorstellen, was daraus einmal wird: eine wunderbare, Schatten spendende Palmenallee. Bald trifft die gut ausgebaute Straße auf das riesige *Schlackenfeld des Vulkans San Juan,* der bei seinem letzten Ausbruch 1949 die ganze Gegend mit Lava überschwemmte. In dem Zeitraum, den die Lava zum Erkalten brauchte,

Zopflava am Vulkan San Juan

haben sich skurrile Formen herausgebildet, die ehemals flüssige Gesteinsmasse hat sich zu regelrechten Zöpfen verflochten. Auf ein besonders eindrucksvolles Beispiel für diesen Prozess stoßen Sie rechter Hand etwa 2,5 km hinter Todoque. Dort bildet die sehr schön zu erkennende »Zopflava« eine regelrechte Wand. Doch ist das nicht die einzige Stelle, an der Sie solche Lavaformationen betrachten können. Während der gesamten Fahrt durch das Lavafeld erschließen sich zu beiden Seiten der Straße immer wieder Ausblicke auf die »geflochtene« Lava. Sie brauchen auf der Lavamasse, die beim Betreten klingt, als wäre sie so hohl, nur ein paar Schritte zu machen, und schon entdecken Sie die merkwürdigsten Muster.

In der kleinen Ortschaft *San Nicolás (S. 53)* treffen Sie später auf die nach rechts führende Inselhauptstraße 832. Die Strecke, die Sie nun vor sich haben, ist relativ einsam und kurvenreich. Nach rechts bietet sich Ihnen ein phantastischer Blick über den Ozean, wo bei gutem Wetter die benachbarten Inseln El Hierro und La Gomera am Horizont auszumachen sind. Schon von weitem ist dann der bei *Fuencaliente (S. 41)* liegende Krater des *Vulkans San Antonio (S. 44)* zu sehen. Fahren Sie im Ort nach rechts. Der Vulkan ist nicht zu verfehlen, der Weg dorthin ist ausgeschildert. Vor dem Krater befindet sich ein gebührenpflichtiger Parkplatz, von dem aus Sie auf den Kraterrand hinaufsteigen können. Meist weht dort ein ziemlich starker Wind, doch dafür entschädigt der Ausblick aufs Meer mit den beiden Leuchttürmen an der Küste.

AUSFLÜGE & TOUREN

Pause vom Wandern beim Refugio El Pilar

Im Westen sehen Sie *Las Indias* mit den auf dunklem Vulkangestein sich ausbreitenden grünen Weinreben.

Wieder zurück in Fuencaliente, geht es weiter Richtung Faro (Leuchtturm, ausgeschildert). Nach ungefähr 4 km führt rechts eine ausgeschilderte Piste hinauf zum *Vulkan Teneguía (S. 44)*. Die Fahrt geht an Steinmäuerchen vorbei, hinter denen sich die Weinstöcke ducken. Bereits nach wenigen Minuten ist der Teneguía erreicht. Passen Sie auf, wenn Sie links in den Kraterrand hineinsteigen: Sie können sich leicht die Hand verbrennen, so heiß sind die abkühlenden Felsen zum Teil noch heute.

Auf der Weiterfahrt hinunter zum Leuchtturm kreuzt man noch mehrmals die Lavaströme des Teneguía. Sie haben sich bis in den Ozean geschoben und die Insel dadurch sogar vergrößert.

Zurück in Fuencaliente, halten Sie sich auf der Hauptstraße rechts. Bald geht es durch dichten Wald. Der nächste Ort, *Montes de Luna (S. 41),* hält, was sein Name – Mondberge – verspricht: Die Gegend hier ist eine Ödnis. Nun folgen Sie der Strecke nach *Mazo (S. 44)*. Dort fahren Sie Richtung *Breña Alta (S. 44)*. Nach 6 km geht es links hoch zur *Cumbre,* durch den Weiler *San Isidro.* Dort steht links an der ersten Kurve ein schönes Exemplar eines Drachenbaums, etwas von der Straße nach hinten versetzt. In zahlreichen Serpentinen geht es aufwärts, die Vegetation wird in dieser Region unter anderem durch mächtige Kastanienbäume bestimmt.

Insider Tipp

Auf etwa 1500 m Höhe gelangen Sie schließlich zum *Refugio El Pilar (S. 50),* das verborgen im dichten Wald liegt – der richtige Ort für eine längere Picknickpause, bevor Sie sich auf den Heimweg machen. Auf der Rückfahrt über *El Paso (S. 50)* nach Los Llanos geht es dann noch einmal durch ein Schlackengebiet, bevor Sie nach 6 km die Hauptstraße erreichen.

SPORT & AKTIVITÄTEN

La Palma macht mobil

Der Tourismus hat dafür gesorgt, dass neben den überlieferten auch neue Sportarten und Aktivitäten angeboten werden

Bis zum Beginn des Tourismus beschränkten sich die sportlichen Aktivitäten der Insulaner auf den kanarischen Ringkampf, auf Fußball, Sportfischen und die üblichen Schulsportarten. Es gab einige wenige, die sich einen Tennisplatz leisten oder sich ein Reitpferd halten konnten.

Mit dem Tourismus hat sich diesbezüglich viel geändert. Plötzlich tauchten Sportarten auf, die den Inselbewohnern bestenfalls aus dem Fernsehen bekannt waren, wie etwa Paragliding oder Mountainbiking. Diese und andere Aktivitäten werden von entsprechenden Veranstaltern auf La Palma angeboten.

ANGELN & FISCHEN

Viel versprechende Angelplätze an der Küste sind oft schwer zugänglich und nur den Einheimischen bekannt, sodass man am bequemsten von der Hafenmole aus angeln kann. Man benötigt grundsätzlich eine Genehmigung von den Behörden, auch wenn die einheimischen Angler gern darüber hinwegsehen. Auskunft erteilt das *Touristenbüro in Santa Cruz, Calle O'Daly, 22*. Hochseefischen wird in Puerto Tazacorte angeboten, Auskünfte unter *Tel. 609 53 13 91*.

Wanderer genießen den Blick vom Roque de los Muchachos

MOTORRADSPORT

Besonders die einsameren Straßen und Pisten des Nordens bieten sich für einen Ausflug mit einer Enduro-Maschine an. *Mototours* bietet geführte Endurotouren für Anfänger und Fortgeschrittene an, man kann jedoch auch eine Maschine mieten und auf eigene Faust die Gegend erkunden. *Tel./Fax 922 49 34 86, www.mototours.de*

MOUNTAINBIKING

Die abgelegenen Bergpisten und rund 400 meist geteerte Straßenkilometer sind ein ==ideales Gelände für Mountainbiker.== So z. B. die Strecke von Fuencaliente nach San Nicolás: Es geht überwiegend leicht bergab, und der Ausblick auf den Ozean ist phantastisch. Profis wedeln in den Bergen die Hänge hinunter. Es werden geführte Touren und Radverleih von folgenden Veranstaltern angeboten: *Bike Station La Palma, Avenida Cruz Roja, 3, Puerto Naos, Tel./Fax 922 40 83 55,* und *Bici Tour La Palma, Lago Azul los Cancajos, Tel./Fax 922 43 45 31*

PARAGLIDING

Wenn Sie die Vulkane im lautlosen Flug aus der Vogelperspektive betrachten wollen, je nach Können mit dem eigenen Schirm oder im Tandem-Mitflug: Beides wird vom spanischen Vizemeister im Tandemgleitschirm, Javier López, angeboten. Profis werden im Palmaclub eingehend über Windverhältnisse, Start- und Landeplätze und natürlich über mögliche Gefahren informiert. Anfänger können im Tandem mitfliegen. *Palmaclub, Kiosk Playa Morena in Puerto Naos, Tel. 610 69 57 50*

REITEN

Was es bisher nicht gab, ist mittlerweile (Stand: Frühjahr 2002) in Vorbereitung. Informationen: *Círculo Hípico Manivasán, Calle Terr, 5, El Paso, Tel. 922 48 63 12,* und *Sociedad Hípica Miranda, Calle Miranda de Abajo, Brenja Alta, Tel. 922 43 76 96*

SEGELN & WINDSURFEN

Wegen des überwiegend aus Nordost wehenden Passats sowie der felsigen, mit Untiefen gespickten Küsten ist das sportliche Segeln auf La Palma nicht entwickelt. Es gibt keinen Veranstalter zu diesem Thema. Aus den gleichen Gründen ist auch das Windsurfen kaum möglich. Dort, wo es Sandstrände gibt, etwa in Puerto Naos, trifft man mitunter

Beim Gleitschirmflug über die Insel eröffnen sich ganz neue Perspektiven. Aber so weit ist es noch nicht: noch steht Training auf dem Programm

SPORT & AKTIVITÄTEN

Surfer an, doch gibt es keine Veranstalter oder Clubs.

TAUCHEN

La Palma gilt nicht als ein Tauchrevier erster Kategorie. Die Vulkanausbrüche haben stellenweise den Meeresboden mit Lava überschwemmt – eine bizarre Unterwasserlandschaft ist so entstanden. Muränen und Zackenbarsche sind die Hauptvertreter des maritimen Lebens, hin und wieder tauchen auch Rochen und Thunfische auf. Die Sichtweite beträgt bis zu 50 m, und das Wasser hat selbst im Winter noch 20 Grad. Es werden Kurse und Tauchgänge angeboten von *La Palma Diving Center, Centro Los Cancajos, Local 227, Tel. 922 18 13 93, www.la-palma-tauchen.de; Tauchpartner La Palma, Puerto Naos am Ortseingang, Tel./Fax 922 40 81 39, www.la-palma.de/tauchpartner; Atlantik 28° La Palma, Carretera General Fuencaliente, Tel. 922 48 09 11.*

WANDERN

La Palma ist das Wanderparadies schlechthin. Man kann auf dem Rücken der Vulkane wandern, durch endlose Kiefernwälder streichen, abgelegene Schluchten mit Farnwäldern erkunden, kurze Spaziergänge zu Aussichtspunkten unternehmen oder sich auf eine Dreitageswanderung um die Caldera begeben. Unvergesslich wird eine Wanderung in der Caldera selbst sein: Die vielfältige Landschaft mit Bächen und Felsen, Auf- und Abstiegen macht dieses Gebiet einzigartig. Vor einer selbst organisierten Wanderung sollten Sie unbedingt das Besucherzentrum der Forstverwaltung Icona in El Paso, an der Hauptstraße vor dem Ort rechts, besuchen, um sich über die jeweiligen örtlichen Verhältnisse und die Wettersituation zu erkundigen. Unterschiedliche Wandertouren mit professionellen Führern werden angeboten von *Natour Trekking, Los Cancajos, Apartamentos Valentina, 4, Tel. 922 43 30 01, Fax 922 43 30 11, www.natur-trekking.com; La Palma Trekking, Lago Azul Abajo, Los Cancajos, Tel./Fax 922 43 45 31.*

Eine attraktive Wanderung ist die *Route der Vulkane*. Sie verlangt gute Kondition und sollte nicht allein unternommen werden. Gutes Schuhwerk, Sonnenhut und windschützende Kleidung, ein Wasservorrat und gutes Wetter sind Voraussetzung. Der Lohn für die etwa achtstündigen Mühen sind wunderbare Ausblicke auf den Südteil der Insel, Stille sowie ein erhabenes Gefühl von Einsamkeit. Die Tour beginnt am Refugio El Pilar und endet in Fuencaliente. Es geht am Hang des Pico Birigoyo aufwärts und auf dem Kamm weiter zur Deseada, mit 1949 m der höchste Punkt der Wanderung. Der Blick geht weit über Pinienwälder und Schlackefelder. Rechts liegt die Montaña Negra, ein zuletzt 1712 ausgebrochener Vulkan. Nach einer Senke gelangt man zum Vulkan Martín, den man links liegen lässt. Von hier geht es stetig bergab. Bei der markanten Weggabelung geht es rechts weiter. Hier wird die Vegetation wieder dichter. Durch eine liebliche Landschaft mit Pinien und Weinfeldern erreichen Sie Fuencaliente, von wo Sie per Bus oder Taxi zurückfahren können.

MIT KINDERN REISEN

Wie aus Wasser Salz wird

Die traditionellen Techniken auf La Palma können auch Kinder begeistern

Auf La Palma haben, wie in anderen südlichen Ländern auch, Kinder das Privileg von Zuneigung und Gewährenlassen. Touristen mit Kindern werden immer wieder die Ungezwungenheit bemerken, die die Einheimischen beim Umgang mit fremden Kindern an den Tag legen.

Gefahr besonders für kleinere Kinder geht vom Ozean und von den Bergen aus. Beim Baden darf kein Risiko eingegangen werden, man sollte nur an sicheren Stränden die Kinder allein schwimmen lassen, so zum Beispiel im Charco Azul oder in Puerto Naos.

Auch die Berge sind nicht ohne Gefahren. Das Herumtoben auf Vulkanascheabhängen kann wegen Abrutschens gefährlich sein, enge Wanderpfade ebenso. Erhöhte Vorsicht ist auch angeraten beim Begehen der kurvigen und engen Straßen, die meistens keinen Bürgersteig haben.

La Palma hat in den Bemühungen um eine verbesserte Infrastruktur dem Thema Kinder nur wenig Aufmerksamkeit geschenkt. So gibt es zum Beispiel nur wenig Spielplätze. Dafür bietet die insulare Kultur jede Menge interessanter Möglichkeiten für Kinder und Jugendliche.

DER NORDOSTEN

Neben den zum Baden besonders geeigneten Naturschwimmbädern in La Fajana und Charco Azul gibt es im Nordosten zusammen mit Santa Cruz einige interessante Museen, die Kinder begeistern könnten.

Museo Insular [113 E2]

Das Museum in Santa Cruz bietet für Kinder besonders zwei Abteilungen, die den Besuch lohnenswert machen. In der Naturkundeabteilung sind viele ausgestopfte Tiere zu betrachten, auch besonders seltene, wie etwa der riesengroße Mondfisch, der irgendwann vor der Insel gefangen wurde. Sehenswert ist auch die Abteilung für Volks-und Heimatkunde, in der einzelne Modelle alte palmerische Handwerkskünste, wie zum Beispiel die Korbflechterei, veranschaulichen. *Santa Cruz, Plaza de San Francisco, 3, Mo–Fr Juli–Sept. 9–14, sonst 9.30–13.50 und 16–18 Uhr, Eintritt 1,80 Euro*

Dieser Junge trägt die typische Tracht der Insulaner

Wassermühle
El Regente [109 D3]

Die aus dem 19. Jh. stammende Wassermühle ist wegen ihrer Technik interessant. Noch heute arbeitet das altertümliche Mahlwerk, und man kann zuschauen, wie aus einem Sack Getreide feines Mehl wird. *Los Sauces, Calle Los Molinos, 33, Mo–Fr 10–18, So 11–17 Uhr, Eintritt 1,80 Euro*

DER SÜDOSTEN

Maroparque [113 D3]

Zu den neueren touristischen Einrichtungen gehört Maroparque, ein Tiergarten, der neben einigen einheimischen Tieren auch nicht auf den Kanarischen Inseln lebende Exoten, wie Krokodile, hält. *Breña Alta, Calle La Cuesta, 28, tgl. 10–18 Uhr, Eintritt 9 Euro, Kinder (3–12 Jahre) 4,50 Euro*

El Molino [113 D6]

In der Töpferei von El Molino kann man nicht nur den Töpfern bei der Arbeit zuschauen, sondern mitunter auch das Räderwerk der renovierten Getreidemühle betrachten, die gelegentlich in Betrieb genommen wird. *Hoyo de Mazo, Hauptstraße (ausgeschildert), Mo–Fr 9 bis 13 und 15–19 Uhr, Eintritt frei*

Refugio El Pilar [112 B5]

Insider Tipp

Hier können sich die Kleinen richtig austoben. Es gibt Schaukeln, sehr viel Wald zum Verstecken und vor allen Dingen Grillplätze mit Feuerholz. El Pilar hat auch einen Campingplatz, Toiletten und Wasser stehen zur Verfügung. Sonntags sollte man den Platz nur aufsuchen, wenn man sich von den vielen picknickenden Einheimischen nicht ge-

stört fühlt. *Von San Isidro Richtung Cumbre ca. 8 km. Immer geöffnet, Eintritt frei*

Salinen [115 F2]

Wie aus Wasser Salz wird, ist in den Salinen am Faro von Fuencaliente zu sehen. Die Salinen sind nicht öffentlich zugänglich, man kann jedoch nahe genug herangehen, um die Salzlaken zu betrachten.

Zigarrenwerkstatt
El Rubio [113 D3]

Wie enstehen eigentlich aus braunen Blättern schöne, runde Zigarren? Das können Kinder sich hier anschauen. *San Pedro de Breña Alta, Hauptstraße 10, Mo–Fr 9–13 und 17–19 Uhr*

DER SÜDWESTEN

Artefuego [110 C3]

Insid Tipp

Dominic Kessler, ein junger, sympathischer Glasbläser, demonstriert hier, was er aus Feuer und Glas machen kann. Für Kinder eine aufregende Schau. *Argual, an der Plaza 29, Vorführung Sa/So 10–14 Uhr, Eintritt frei*

Flohmarkt in Argual [110 C3]

Hier gibt es interessante Dinge zu sehen und einiges zu probieren, z. B. so etwas Unbekanntes wie Zuckerrohrsaft, der frisch, grün und süß aus der Handpresse kommt. *Plaza von Argual, So 9–15 Uhr*

Parque Paraíso
de las Aves [111 E4]

Hinter dem hochtrabenden Namen »Vogelpark Paradies« verbirgt sich eine Sammlung verschiedener, auch exotischer und vom Aussterben bedrohter, Vogelarten. *El Paso,*

MIT KINDERN REISEN

Brandung bei La Fajana: Ruhiger geht es in den Naturschwimmbecken zu

Calle Panadero, 16, tgl. 10–18 Uhr, Eintritt 6 Euro, Kinder (5–12 Jahre) 2 Euro

Pueblo Parque La Palma [111 D4]
Was als Kulturpark bezeichnet wird, ist eine Ansammlung von Dingen, die auf La Palma auch in freier Wildbahn erlebt und gesehen werden können. Für Kleinkinder bietet sich das Eselreiten an. *Aus El Paso kommend ca. 400 m vor Los Llanos, ausgeschildert, Mo–Sa 10.30–17 Uhr, Eintritt 9 Euro, Kinder 5 Euro*

Fische beobachten [110 C4]
Die »Fancy II« ist ein Katamaran, von dem man durch Unterwasserfenster in die Tiefe schauen kann. Tägliche Ausflüge führen vor die Südküste der Insel, und mitunter sind dabei auch Delphine zu beobachten. *Puerto Tazacorte, Tel./Fax 922 40 60 57, www.lp-b.com/fan cy, Preis ab 20 Euro, Kinder (4–12 Jahre) 10 Euro*

DER NORDWESTEN

Blick ins Weltall [107 E5]
Auf dem Roque de los Muchachos stehen die riesigen, pilzförmigen Anlagen des Observatoriums von La Palma. Wenige Male im Jahr kann man die Anlage besichtigen und den Sternguckern über die Schulter schauen. *Auskunft zum Tag der offenen Tür erteilt das Touristenbüro in Santa Cruz, Calle O' Daly, 22, Tel. 922 41 21 06*

Picknick im Wald [106 B4]
Nahe bei Puntagorda liegt an der Hauptstraße der Picknickplatz *El Fayal* mit Grillstellen und Brennholz. Kinder können auf dem weitläufigen Platz herumtoben und die Schaukeln benutzen. Am Sonntag kann hier, wie auf allen Picknickplätzen, Hochbetrieb herrschen.

Angesagt!

Was Sie wissen sollten über Trends, die Szene und Kuriositäten auf La Palma

Sport
Fußball ist auch auf La Palma angesagt. Obwohl der palmerische Verein Mensajero nur in der 3. Liga Tore schießt, bangt die sportbegeisterte Jugend bei den sonntäglichen Spielen im Stadion von Miraflores bei Mirca jedes Mal um den Sieg. Total Begeisterte fahren auch hinüber nach Teneriffa, wenn der dortige Erstligist Tenerife etwa gegen Real Madrid antritt.
Im Rahmen der Rückbesinnung auf traditionelle Werte spielt auch der *lucha canaria,* der kanarische Ringkampf, verstärkt eine Rolle. Man ringt in Mannschaftsstärke um den Sieg, und die Stimmung in den großen Arenen, z. B. in Mazo, gleicht einem Boxkampfbesuch. Termine sind beim Touristenbüro in Santa Cruz zu erfahren.

Musik
La Palma hat eine lange Tradition in ureigener Inselfolklore. In den letzten Jahren wurde diese durch Gruppen wie *El Taburiente, Los Sabadeños* oder *Los Arrieros* für ein breiteres Publikum aufbereitet. Mittlerweile haben sich einige Musiker zu Rock- und Salsabands formiert, die auf Konzerten in Los Llanos oder Santa Cruz einheizen: *Eso Es* und *Bota de Actor* sind die bekanntesten Namen. Ihre CDs sind auch auf La Palma, z. B. bei Contacto in Los Llanos, erhältlich.

Tanz
Der palmerische Folkloretanz ist keineswegs out. Auf vielen Festen treten Gruppen mit traditionellen Tänzen und entsprechenden Instrumenten auf und begeistern nicht nur Touristen. Diese Gruppen werden in der staatlichen Schule von Santa Cruz ausgebildet. Neuerdings sind Flamenco- und Tangokurse im Kommen. Lehrer aus Sevilla bzw. Argentinien unterrichten in der Ballettschule von Santa Cruz, gegenüber vom Teatro Chico.

Mode
Die auf dem Festland studierenden Jugendlichen bringen aus Madrid und Barcelona das Neueste an Mode mit. Man gibt sich sportlich lässig, die Boutiquen von Los Llanos und die Sportschuhgeschäfte in Santa Cruz in der Calle O'Daly stehen in ihrem Angebot denen in Spanien in nichts nach.

PRAKTISCHE HINWEISE

Von Anreise bis Zoll

Hier finden Sie kurz gefasst die wichtigsten Adressen und Informationen für Ihre La Palma-Reise

ANREISE

Flugzeug

La Palma wird von Deutschland und anderen europäischen Ländern in ca. fünf Stunden direkt angeflogen. Die großen Reiseveranstalter bieten Pauschalarrangements zwischen 500 und 1000 Euro pro Woche an, je nach Saison und Reiseprogramm. Der einfache Hin- und Rückflug (Charter) kostet je nach Saison zwischen 350 und 500 Euro für 14 Tage ohne Unterkunft. Last-Minute-Flüge gibt es für unter 300 Euro hin und zurück für zwei Wochen ohne Unterkunft.

Schiff/Auto

Vom spanischen Festland (Cádiz) fährt in der Regel einmal wöchentlich eine Fähre über Gran Canaria und Teneriffa nach La Palma, von Teneriffa einmal am Tag. Büro der *Trasmediterránea* in Cádiz: *Estación Marítima, Muelle Alfonso XIII, Tel./Fax 956 22 30 38, www.tras mediterranea.es*

AUSKUNFT

Spanische Fremdenverkehrsämter

10707 Berlin, Kurfürstendamm 180, Tel. 030/882 65 43, Fax 882 66 61; 1010 Wien, Walfischgasse 8, Tel. 01/512 95 80, Fax 512 95 81; 8008 Zürich, Seefeldstrasse 19, Tel. 01/252 79 30, Fax 252 62 04
Offizielle Website des spanischen Fremdenverkehrsamts: www.tour spain.es

AUTO

Die Höchstgeschwindigkeit beträgt in Orten 50 km/h, sonst 80 km/h. Neben einer Anschnallpflicht gibt es eine Promillegrenze von 0,5. In allen größeren Orten gibt es Tankstellen. Benzin und Diesel sind billiger als auf dem europäischen Festland. Keine Selbstbedienung! Volltanken heißt *lleno*. Wenn man mit dem Wagen liegen bleibt, darf man sich nur von Unternehmen abschleppen lassen, die dafür eine Lizenz haben. Sie heißen *grua (Tel. 922 46 37 42)*. Im Auto müssen immer zwei Warndreiecke mitgeführt werden, damit liegen gebliebene Fahrzeuge an unübersichtlichen Stellen in beide Richtungen gesichert werden können. Die Polizei ahndet Verkehrsübertretungen sehr streng und mit hohen Bußgeldern. Auf jeden Fall sollte man beim Parken in Santa Cruz und Los Llanos daran denken. Wenn die Bordsteine gelb markiert sind, ist nur ein kurzer Halt zum Ein- und Aussteigen erlaubt, rote Bordsteine signalisieren absolutes Halteverbot.

BANKEN & GELD

In allen größeren Orten gibt es Banken, Postsparkassen nur in Santa Cruz und Los Llanos. Überall können Sie Fremdwährungen in Euro tauschen. Eurocheques werden nicht mehr angenommen. Die gängigen Kreditkarten werden akzeptiert. Die Banken sind von 8 bis 14 Uhr geöffnet, manche im Winter auch samstags bis 13 Uhr. Geldautomaten gibt es auch am Flughafen.

BUSSE

Ein Autobus heißt auf La Palma *guagua*. Alle größeren Orte sind mit ihm von der Hauptstadt bzw. von Los Llanos aus erreichbar, manchmal sogar im Stundentakt, während die entfernt im Norden liegenden Orte nur einmal täglich angefahren werden. In Santa Cruz fahren die Busse von der *Plaza de la Constitución* ab (bei der Post), in Los Llanos vom Busbahnhof. An diesen Abfahrtsstellen sind mit Landkarten versehene Schilder mit den Abfahrtszeiten aufgestellt. Werktags fährt halbstündlich ein Bus aus Santa Cruz über Los Cancajos zum Flughafen und zurück, samstags stündlich.

CAMPING

Auf La Palma gibt es drei offizielle Campingmöglichkeiten. Zwei kostenlose Plätze werden von der Forstbehörde Icona verwaltet und sind sehr einfach ausgestattet: der Platz in der Caldera de Taburiente und der am Refugio El Pilar auf der Cumbre im Südosten der Insel. Der dritte, privat verwaltete Campingplatz liegt am Staubecken von Barlovento auf einem schönen Hochplateau. Er ist mit Kochstellen, Toiletten und schattigen Plätzen versehen, ein Restaurant und ein Kiosk bieten Getränke und Speisen. *Preis pro Zelt am Wochenende: ca. 9,50 Euro, sonst 4,50 Euro. Reservierung unter Tel. 922 69 60 23.* Für die von der Icona verwalteten Campingplätze muss eine kostenlose Genehmigung im Besucherzentrum der Icona bei El Paso oder im Büro der Medio Ambiente (Umweltbehörde) im Edifício Bolsa de Agua Santa Cruz (kurz vor dem Tunnel) gegen Vorlage des Personalausweises eingeholt werden.

DIPLOMATISCHE VERTRETUNG

Deutsches Honorarkonsulat: *Avenida Marítima, 69, Santa Cruz de la Palma, Tel. 922 41 33 44, Fax 922 41 32 78;* Österreichisches Honorarkonsulat: *Calle Albareda, 3, Las Palmas de Gran Canaria, Tel. 928 49 18 80, Fax 928 26 27 31;* Schweizer Konsulat: *Calle Domingo Rivero, 2/Esquina Juan XXIII, Las Palmas de Gran Canaria, Tel. 928 29 34 50, Fax 928 20 00 70*

FOTOGRAFIEREN

Alle gängigen Negativ- und Diapositivfilme sind auf La Palma erhältlich. Sie können auch Farbfilme entwickeln lassen, z. B. in Santa Cruz bei *Foto Moreno, Avenida Marítima, 11.*

GESUNDHEIT

Grundsätzlich genießen alle Bürger aus den EU-Staaten Krankenversicherungsschutz in Spanien und so-

PRAKTISCHE HINWEISE

mit auch auf La Palma. Sie müssen den Betrag für die ärztliche Behandlung bar vorstrecken. Es ist ratsam, dass Sie sich bei der eigenen Krankenversicherung erkundigen. Eine ärztliche Konsultation kostet um 50 Euro. Es gibt einige deutsche Ärzte auf der Insel. Ärztenotdienste sind in den Apotheken angeschlagen, wo es alle gängigen Arzneimittel nach europäischem Standard gibt.

INTERINSULARE VERBINDUNGEN

Zwischen den Kanarischen Inseln verkehren Fährschiffe und Linienflugzeuge. Eine Fahrt mit der Fähre nach Teneriffa dauert sechs bis acht Stunden und kostet für einen einfachen Platz rund 30 Euro. Mit dem Flugzeug dauert es ca. 30 Minuten, der Preis ist ungefähr doppelt so hoch. Direktverbindungen von La Palma gibt es nach Teneriffa (Schiff und Flug), nach La Gomera (Schiff) und nach Gran Canaria (Flug). Auskünfte für den Fährverkehr erteilen: *Trasmediterránea, Santa Cruz, Calle O'Daly, 2, Tel. 922 41 11 21; Lineas Fred Olsen, Zentralreservierung, Tel. 922 62 82 31.* Auskünfte für den Flugverkehr: *Iberia bzw. Binter, Santa Cruz, Calle O'Daly, 19, Tel. 922 41 13 45*

INTERNET

Auch auf La Palma hat sich das Internet rasend schnell verbreitet. Die internationalen touristischen Unternehmen, wie Hotels und Veranstalter, machen mit einem Webportal von sich reden. Auch die mit dem Tourismus befassten Behörden haben eine Website. Allerdings sind

Was kostet wie viel?

Kaffee	**60 Cent** für eine Tasse Espresso
Tapa	**ca. 2,50 Euro** je nach Art
Wein	**90 Cent** für ein Glas
Bier	**90 Cent** für ein Glas
Benzin	**50 Cent** für einen Liter Super
Mietwagen	**ab 30 Euro** pro Tag für einen Kleinwagen

sie nicht immer auf dem aktuellsten Stand. Hier folgt eine kleine Auswahl: *www.ecanarias.com:* Informationen zu den Kanarischen Inseln und La Palma, auch in deutscher Sprache, über Flüge, Autoverleih, Unterkünfte, Wetter, Gastronomie und interinsularen Verkehr; *www.la-palma-tur.org:* Website der palmerischen Tourismusbehörde, auch in deutscher Sprache, über Kultur, Geschichte, Kunsthandwerk und Gastronomie auf der Insel; *www.lapalma-magazin.com:* private Website, auch in deutscher Sprache, mit Informationen zu Nachrichten und Kulturereignissen auf La Palma; *www.infolapalma.com:* Website, auch in deutscher Sprache, der *Asociación Turismo Rural*, der Vereinigung des Landtourismus. Hier finden Interessierte ein breites Angebot palmerischer Landhäuser, die an Touristen vermietet werden.

INTERNETCAFÉS

Santa Cruz und Umgebung

Cibercafé, Los Rosales local, 2, Los Cancajos, pro Stunde 3 Euro, tgl. 9–14 und 18–23 Uhr; Copy.Com, Calle Cabrera Pinto, 15 (gegenüber der Markthalle), pro Stunde 3 Euro, Mo–Fr 9–13.30 und 16–19.30, Sa 9–14 Uhr

Los Llanos de Aridane

Amynet, Calle Gen. Franco, 29, pro Stunde 2,40 Euro, Mo–Fr 9–13 und 17–19.30 Uhr; Sa 9–13 Uhr; Sala de Internet, Calle González de Yerro, 1, pro Stunde 2,40 Euro, Mo–Sa 10–14 und 17–22 Uhr

KLIMA & REISEZEIT

Nichts ist wechselhafter auf La Palma als das Wetter. Innerhalb weniger Stunden zieht sich der Himmel zu oder reißt auf; auf den Bergen scheint die Sonne, und am Meer sieht man vor lauter Wolken kein Blau mehr – oder umgekehrt. Ab Oktober kann es anfangen zu regnen, beständig zunächst nur, wie aus Kübeln dann von November bis Januar. In diesen Monaten sinkt auch die Temperatur, zumindest örtlich. In der Höhenlage von Mazo können es dann durchaus nachts zehn Grad sein, während tagsüber in Santa Cruz das Thermometer auf 25 Grad ansteigt.

MIETWAGEN

Wer die Insel wirklich sehen will, braucht ein Auto, da der Busverkehr nicht immer dann läuft, wenn man es gerade will. Es gibt zahlreiche Autovermietungen, besonders in den beiden großen Städten Santa Cruz und Los Llanos. Auch auf dem

---

www.marcopolo.de

Das Reiseweb mit Insider-Tipps

Mit Informationen zu mehr als 4 000 Reisezielen ist MARCO POLO auch im Internet vertreten. Sie wollen nach Paris, in die Dominikanische Republik oder ins australische Outback? Per Mausklick erfahren Sie unter www.marcopolo.de das Wissenswerte über Ihr Reiseziel. Zusätzlich zu den Reiseführerinfos finden Sie online:

- täglich aktuelle Reisenews und interessante Reportagen
- regelmäßig Themenspecials und Gewinnspiele
- Miniguides zum Ausdrucken

Gestalten Sie MARCO POLO im Web mit: Verraten Sie uns Ihren persönlichen Insider-Tipp, und erfahren Sie, was andere Leser vor Ort erlebt haben. Und: Ihre Lieblingstipps können Sie in Ihrem MARCO POLO Notizbuch sammeln. Entdecken Sie die Welt mit www.marcopolo.de! Holen Sie sich die neuesten Informationen, und haben Sie noch mehr Spaß am Reisen!

PRAKTISCHE HINWEISE

Flughafen gibt es Büros von verschiedenen Autovermietern.

Sie müssen mindestens 21 Jahre alt sein, brauchen einen gültigen Führerschein und Ihren Reisepass oder Personalausweis. Aus Versicherungsgründen empfiehlt es sich nicht, Autos von Privatpersonen zu mieten, es sei denn, sie betreiben auch eine Autovermietung mit entsprechender Lizenz.

POLIZEI

Notruf Tel. 112. Wie im spanischen Mutterland gibt es auf La Palma verschiedene Polizeidienste. Für Touristen ist wegen einer eventuellen Diebstahlanzeige die Guardia Civil – kurz Guardia – wichtigste Anlaufstelle. Es gibt sie in jedem größeren Ort, in Santa Cruz de la Palma in der *Calle de La Portada, Tel. 922 41 80 27,* in Los Llanos in der *Avenida Tanausú, 22, Tel. 922 46 30 70.*

POST

Zwar hat jeder größere Ort eine Poststelle, doch der Urlauber, der seine Ansichtskarten nicht erst nach seiner Rückkehr beim Empfänger wissen will, geht am besten zur Hauptpost der Insel nach Santa Cruz oder zum Postamt in Los Llanos. Briefmarken heißen *sellos* und kosten für einen Brief oder eine Postkarte in ein EU-Land 0,50 Euro, in die Schweiz 0,75 Euro. Die Post schließt werktags um 14, samstags um 13 Uhr. Post erhalten kann man unter der Anschrift des Postamts mit dem Vermerk *lista de correos* (postlagernd). Diese Sendungen werden drei Monate lang aufbewahrt.

RADIO

Im Sommer schwappt manchmal eine englisch- bzw. deutschsprachige Touristensendung von der Nachbarinsel Teneriffa herüber (UKW 102,7 MHz: Radio Europa).

Die Deutsche Welle empfängt man am besten im 31- und 49-m-Band der Kurzwelle. Stündlich werden von der Deutschen Welle Nachrichten gesendet, die auf La Palma jedoch mit einem normalen Kurzwellenempfänger erst ab 17 Uhr zu empfangen sind.

STROM

220 Volt. Es empfiehlt sich, für Geräte mit Schukosteckern Adapter mitzunehmen, da es auf der Insel eine Vielzahl verschiedener Stecker- und Steckdosensysteme gibt.

TAXI

Es ist schwer, am Abend nach 20 Uhr ein Taxi auf der Straße herbeizuwinken. Bei der nächtlichen Fährankunft stehen im Hafen Taxis zur Verfügung, Sie können aber auch im Voraus reservieren.

TELEFON & HANDY

In Spanien nennt man ein Handy *móvil.* Wegen der bergigen Geografie gibt es Gegenden mit schlechtem Empfang. Bei aus Europa eingehenden Gesprächen auf dem *móvil* kassiert die spanische Telefongesellschaft bis zu 50 Cent pro Minute mit. Eine SMS nach Europa kostet 60 Cent. Vorwahlnummern: Deutschland 0049, Österreich 0043, Schweiz 0041. Die spanische Vorwahl ist 0034.

TRINKGELD

Es hängt von jedem selbst ab, ob er Trinkgeld gibt. Es ist jedoch üblich, an der Bar ein paar Münzen liegen zu lassen, sofern der Service in Ordnung war.

ZEITUNGEN

Mit einem Tag Verspätung kann man auf La Palma internationale Presseerzeugnisse kaufen. Das größte Angebot gibt es diesbezüglich auf dem Flughafen. Darüber hinaus wird auf den Kanarischen Inseln der »Wochenspiegel«, eine alle 14 Tage in deutscher Sprache erscheinende Zeitung, vertrieben. Er enthält viele Informationen über die Insel und dazu einen reichen Anzeigenteil. Außerdem gibt es auf La Palma einige deutschsprachige Periodika, die kostenlos verteilt werden bzw. in vielen Hotels, manchen Läden und an anderen Stellen ausliegen, zum Beispiel das vierteljährlich erscheinende »Info Magazin« oder der »Correo del valle«.

ZOLL

Die EU-internen Bestimmungen über die allgemeine Zollfreiheit beziehen sich nicht auf die Kanarischen Inseln, sie gelten weiterhin als Drittland. Zollfrei zurück ins Heimatland mitbringen kann man deshalb unter anderem nur: 200 Zigaretten, 50 Zigarren oder 250 g Tabak; 1 Liter Spirituosen über 22 %, 2 Liter mit weniger als 22 % Alkohlol; 50 g Parfüm oder 0,5 Liter Eau de Toilette; 500 g Kaffee oder 100 g Tee.

Wetter in Santa Cruz

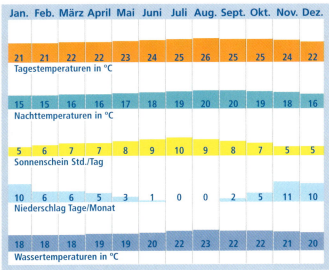

	Jan.	Feb.	März	April	Mai	Juni	Juli	Aug.	Sept.	Okt.	Nov.	Dez.
Tagestemperaturen in °C	21	21	22	22	23	24	25	26	25	25	24	22
Nachttemperaturen in °C	15	15	16	16	17	18	19	20	20	19	18	16
Sonnenschein Std./Tag	5	6	7	7	8	9	10	9	8	7	5	5
Niederschlag Tage/Monat	10	6	6	5	3	1	0	0	2	5	11	10
Wassertemperaturen in °C	18	18	18	19	19	20	22	23	22	21	21	20

SPRACHFÜHRER SPANISCH

¿Hablas español?

»Sprichst du Spanisch?«
Dieser Sprachführer hilft Ihnen, die wichtigsten
Wörter und Sätze auf Spanisch zu sagen

Zur Erleichterung der Aussprache:

c	vor »e« und »i« stimmloser Lispellaut stärker als engl. »th«
ch	stimmloses »tsch« wie in »tschüss«
g	vor »e, i« wie deutsches »ch« in »Bach«
gue, gui/que, qui	das »u« ist immer stumm, wie deutsches »g«/»k«
j	immer wie deutsches »ch« in »Bach«
ll, y	wie deutsches »j« zwischen Vokalen. Bsp.: Mallorca
ñ	wie »gn« in »Champagner«

AUF EINEN BLICK

Ja./Nein.	Sí./No.
Vielleicht.	Quizás./Tal vez.
In Ordnung./Einverstanden!	¡De acuerdo!/¡Está bien!
Bitte./Danke.	Por favor./Gracias.
Vielen Dank!	Muchas gracias.
Gern geschehen.	No hay de qué./De nada.
Entschuldigung!	¡Perdón!
Wie bitte?	¿Cómo dice/dices?
Ich verstehe Sie/dich nicht.	No le/la/te entiendo.
Ich spreche nur wenig …	Hablo sólo un poco de …
Können Sie mir bitte helfen?	¿Puede usted ayudarme, por favor?
Ich möchte …	Quiero …/Quisiera …/Me gustaría …
Das gefällt mir (nicht).	(No) me gusta.
Haben Sie …?	¿Tiene usted …?
Wie viel kostet es?	¿Cuánto cuesta?

KENNENLERNEN

Guten Morgen!	¡Buenos días!
Guten Tag!	¡Buenos días!/¡Buenas tardes!
Guten Abend!	¡Buenas tardes!/¡Buenas noches!
Hallo! Grüß dich!	¡Hola! ¿Qué tal?
Ich heiße …	Me llamo …
Wie ist Ihr Name, bitte?	¿Cómo se llama usted, por favor?
Wie geht es Ihnen/dir?	¿Cómo está usted?/¿Qué tal?

Danke. Und Ihnen/dir?	Bien, gracias. ¿Y usted/tú?
Auf Wiedersehen!	¡Adiós!
Tschüss!	¡Adiós!/¡Hasta luego!
Bis morgen!	¡Hasta mañana!

UNTERWEGS

Auskunft

links/rechts	a la izquierda/a la derecha
geradeaus	todo seguido/derecho
nah/weit	cerca/lejos
Wie weit ist das?	¿A qué distancia está?
an der Ampel	al semáforo
an der nächsten Ecke	en la primera esquina
Bitte, wo ist …	Perdón, ¿dónde está …
… der Busbahnhof?	… la estación de autobuses?
… die Haltestelle?	… la parada?
Fahrplan	horario
Eine Fahrkarte nach … bitte.	Un billete para …, por favor.
Ich möchte hier aussteigen.	Quiero bajar aquí.
Ich möchte … mieten.	Quisiera alquilar …
… ein Auto...	… un coche.
… ein Boot...	… un barco.

Panne

Ich habe eine Panne.	Tengo una avería.
Würden Sie mir bitte einen Abschleppwagen schicken?	¿Puede usted enviarme un cochegrúa, por favor?
Gibt es hier in der Nähe eine Werkstatt?	¿Hay algún taller por aquí cerca?

Tankstelle

Wo ist bitte die nächste Tankstelle?	¿Dónde estála gasolinera más cercana, por favor?
Ich möchte … Liter …	Quisiera … litros de …
… Normalbenzin.	… gasolina normal.
… Super./… Diesel.	… súper./… diesel.
Voll tanken, bitte.	Lleno, por favor.

Unfall

Hilfe!	¡Ayuda! / ¡Socorro!
Achtung!	¡Atención!
Rufen Sie bitte schnell …	Llame enseguida …
… einen Krankenwagen.	… una ambulancia.
… die Polizei.	… a la policía.
… die Feuerwehr.	… a los bomberos.

SPRACHFÜHRER SPANISCH

Haben Sie Verbandszeug?	¿Tiene usted botiquín de urgencia?
Es war meine Schuld.	Ha sido por mi culpa.
Es war Ihre Schuld.	Ha sido por su culpa.
Geben Sie mir bitte Ihren Namen und Ihre Anschrift.	¿Puede usted darme su nombre y dirección?

ESSEN/UNTERHALTUNG

Wo gibt es hier …	¿Dónde hay por aquí cerca …
… ein gutes Restaurant?	… un buen restaurante?
… ein nicht zu teures Restaurant?	… un restaurante no demasiado caro?
Reservieren Sie uns bitte für heute Abend einen Tisch für vier Personen.	¿Puede reservarnos para esta noche una mesa para cuatro personas?
Die Speisekarte, bitte.	La carta, por favor.
Könnte ich bitte … haben?	¡Tráigame…, por favor!
… ein Messer?	… un cuchillo?
… eine Gabel?	… un tenedor?
… einen Löffel?	… una cuchara?
Auf Ihr Wohl!	¡Salud!
Bezahlen, bitte.	¡La cuenta, por favor!

EINKAUFEN

Wo finde ich …	Por favor, ¿dónde hay …
… eine Apotheke?	… una farmacia?
… eine Bäckerei?	… una panadería?
… ein Fotogeschäft?	… una tienda de artículos fotográficos?
… ein Einkaufszentrum?	… un centro comercial?
… ein Lebensmittelgeschäft?	… una tienda de comestibles?
… den Markt?	… el mercado?

ÜBERNACHTUNG

Können Sie mir bitte … empfehlen?	Perdón, señor/señora/señorita. ¿Podría usted recomendarme …
… ein Hotel…	… un hotel?
… eine Pension…	… una pensión?
Ich habe ein Zimmer reserviert.	He reservado una habitación.
Haben Sie noch …	¿Tienen ustedes …?
… ein Einzelzimmer?	… una habitación individual?
… ein Zweibettzimmer?	… una habitación doble?
… mit Dusche/Bad?	… con ducha/baño?
… für eine Nacht?	… para una noche?

... für eine Woche?
... ein ruhiges Zimmer?
Was kostet das Zimmer
mit ...
   ... Frühstück?
   ... Halbpension?

... para una semana?
... una habitación tranquila?
¿Cuánto cuesta la habitación
con ...
   ... desayuno?
   ... media pensión?

PRAKTISCHE INFORMATIONEN

Arzt

Können Sie mir einen
guten Arzt empfehlen?
Ich habe hier Schmerzen.
Ich habe ...
   ... Kopfschmerzen.
   ... Zahnschmerzen.
   ... Durchfall.
   ... Fieber.

¿Puede usted indicarme un buen
médico?
Me duele aquí.
Tengo ...
   ... dolor de cabeza.
   ... dolor de muelas.
   ... diarrea.
   ... fiebre.

Post

Was kostet ...
   ... ein Brief ...
   ... eine Postkarte ...
   ... nach Deutschland?
Eine Briefmarke, bitte.

¿Cuánto cuesta ...
   ... una carta ...
   ... una postal ...
   ... para Alemania?
Un sello, por favor.

ZAHLEN

0	cero	19	diecinueve
1	un, uno, una	20	veinte
2	dos	21	veintiuno, -a, veintiún
3	tres	22	veintidós
4	cuatro	30	treinta
5	cinco	40	cuarenta
6	seis	50	cincuenta
7	siete	60	sesenta
8	ocho	70	setenta
9	nueve	80	ochenta
10	diez	90	noventa
11	once	100	cien, ciento
12	doce	200	doscientos, -as
13	trece	1000	mil
14	catorce	2000	dos mil
15	quince	10000	diez mil
16	dieciséis		
17	diecisiete	1/2	medio
18	dieciocho	1/4	un cuarto

REISEATLAS

Reiseatlas La Palma

Die Seiteneinteilung für den Reiseatlas finden Sie auf dem hinteren Umschlag dieses Reiseführers

Mit freundlicher Unterstützung von

kein urlaub ohne
holiday autos

www.holidayautos.com

anzeige

total relaxed in den urlaub: einsteiger-übung

1. lehnen sie sich entspannt zurück und gleiten sie in gedanken zu den cleveren angeboten von holiday autos. stellen sie sich vor, als weltgrösster vermittler von ferienmietwagen bietet ihnen holiday autos

   - mietwagen in über 80 urlaubsländern
   - zu äusserst attraktiven preisen

2. vergessen sie jetzt die üblichen zuschläge und überraschungen. dank

   - alles inklusive tarife
   - wegfall der selbstbeteiligung
   - und min. 1,5 mio € haftpflichtdeckungssumme (usa: 1,1 mio €)

   steht ihr endpreis bei holiday autos von anfang an fest.

3. nehmen sie ganz ruhig den hörer, wählen sie die telefonnummer **0180 5 17 91 91 (12cent/min)**, surfen sie zu **www.holidayautos.com** oder fragen sie in ihrem reisebüro nach den topangeboten von holiday autos!

KARTENLEGENDE REISEATLAS

Autobahn · Gebührenpflichtige Anschlussstelle · Gebührenstelle · Anschlussstelle mit Nummer · Rasthaus mit Übernachtung · Raststätte · Erfrischungsstelle · Tankstelle · Parkplatz mit und ohne WC		Motorway · Toll junction · Toll station · Junction with number · Motel · Restaurant · Snackbar · Filling-station · Parking place with and without WC
Autobahn in Bau und geplant mit Datum der Verkehrsübergabe		Motorway under construction and projected with completion date
Zweibahnige Straße (4-spurig)		Dual carriageway (4 lanes)
Fernverkehrsstraße · Straßennummern		Trunk road · Road numbers
Wichtige Hauptstraße		Important main road
Hauptstraße · Tunnel · Brücke		Main road · Tunnel · Bridge
Nebenstraßen		Minor roads
Fahrweg · Fußweg		Track · Footpath
Wanderweg (Auswahl)		Tourist footpath (selection)
Eisenbahn mit Fernverkehr		Main line railway
Zahnradbahn, Standseilbahn		Rack-railway, funicular
Kabinenschwebebahn · Sessellift		Aerial cableway · Chair-lift
Autofähre		Car ferry
Personenfähre		Passenger ferry
Schifffahrtslinie		Shipping route
Naturschutzgebiet · Sperrgebiet		Nature reserve · Prohibited area
Nationalpark, Naturpark · Wald		National park, natural park · Forest
Straße mit Kfz. gesperrt		Road closed to motor vehicles
Straße mit Gebühr		Toll road
Straße mit Wintersperre		Road closed in winter
Straße mit Wohnanhänger gesperrt bzw. nicht empfehlenswert		Road closed or not recommended for caravans
Touristenstraße · Pass		Tourist route · Pass
Schöner Ausblick · Rundblick · Landschaftlich bes. schöne Strecke		Scenic view · Panoramic view · Route with beautiful scenery
Golfplatz · Schwimmbad		Golf-course · Swimming pool
Ferienzeltplatz · Zeltplatz		Holiday camp · Transit camp
Jugendherberge · Sprungschanze		Youth hostel · Ski jump
Kirche im Ort, freistehend · Kapelle		Church · Chapel
Kloster · Klosterruine		Monastery · Monastery ruin
Schloss, Burg · Schloss-, Burgruine		Palace, castle · Ruin
Turm · Funk-, Fernsehturm		Tower · Radio-, TV-tower
Leuchtturm · Kraftwerk		Lighthouse · Power station
Wasserfall · Schleuse		Waterfall · Lock
Bauwerk · Marktplatz, Areal		Important building · Market place, area
Ausgrabungs- u. Ruinenstätte · Feldkreuz		Arch. excavation, ruins · Calvary
Dolmen · Menhir · Nuraghen		Dolmen · Menhir · Nuraghe
Hünen-, Hügelgrab · Soldatenfriedhof		Cairn · Military cemetery
Hotel, Gasthaus, Berghütte · Höhle		Hotel, inn, refuge · Cave

Kultur
Malerisches Ortsbild · Ortshöhe

Eine Reise wert

Lohnt einen Umweg

Sehenswert

Landschaft
Eine Reise wert

Lohnt einen Umweg

Sehenswert

Ausflüge & Touren

Culture
Picturesque town · Elevation

Worth a journey

Worth a detour

Worth seeing

Landscape
Worth a journey

Worth a detour

Worth seeing

Excursions & tours

105

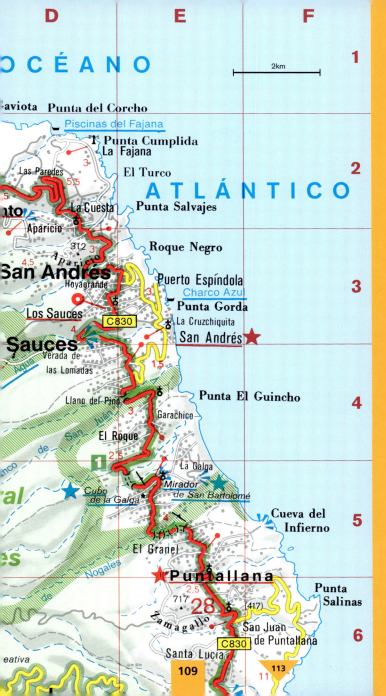

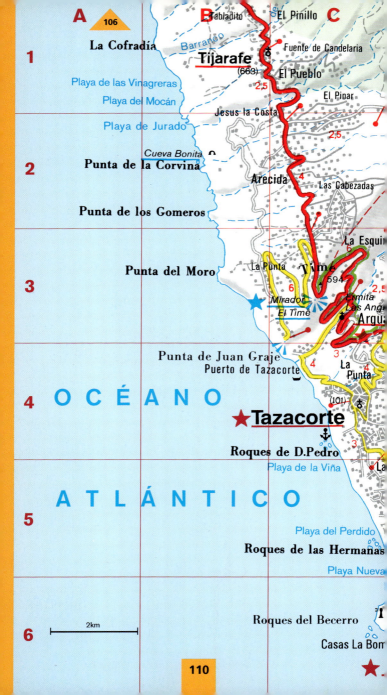

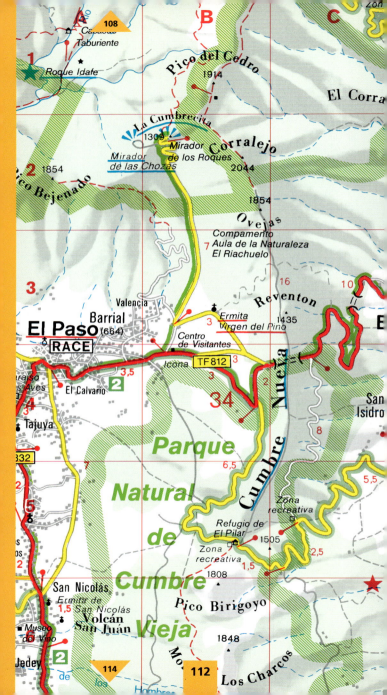

anzeige

total relaxed in den urlaub: übung für fortgeschrittene

1. schliessen sie die augen und denken sie intensiv an das wunderbare wort „ferienmietwagen zum alles inklusive preise". stellen sie sich viele extras vor, die bei holiday autos alle im preis inbegriffen sind:

- unbegrenzte kilometer
- haftpflichtversicherung mit min. 1,5 mio €uro deckungssumme (usa: 1,1 mio €uro)
- vollkaskoversicherung ohne selbstbeteiligung
- kfz-diebstahlversicherung ohne selbstbeteiligung
- alle lokalen steuern
- flughafenbereitstellung
- flughafengebühren

2. atmen sie tief ein und lassen sie vor ihrem inneren auge die zahlreichen auszeichnungen vorbeiziehen, die holiday autos in den letzten jahren erhalten hat.

   sie buchen ja nicht irgendwo.

3. nehmen sie ganz ruhig den hörer, wählen sie die telefonnummer **0180 5 17 91 91** (12cent/min), surfen sie zu **www.holidayautos.com** oder fragen sie in ihrem reisebüro nach den topangeboten von holiday autos!

MARCO POLO

Für Ihre nächste Reise gibt es folgende Titel:

Deutschland
Allgäu
Amrum/Föhr
Bayerischer Wald
Berlin
Bodensee
Chiemgau/
  Berchtesgaden
Dresden
Düsseldorf
Eifel
Erzgebirge/Vogtl.
Franken
Frankfurt
Hamburg
Harz
Heidelberg
Köln
Leipzig
Lüneburger Heide
Mark Brandenburg
Mecklenburgische
  Seenplatte
Mosel
München
Nordseeküste:
  Schleswig-Holst.
Oberbayern
Ostfries. Inseln
Ostfriesland:
  Nordseeküste
  Niedersachsen
Ostseeküste:
  Mecklenburg-
  Vorpommern
Ostseeküste:
  Schleswig-Holst.
Pfalz
Potsdam
Rügen
Schwarzwald
Spreewald/Lausitz
Stuttgart
Sylt
Thüringen
Usedom
Weimar
Die besten Weine
  in Deutschland
Die tollsten
  Musicals in
  Deutschland

Frankreich
Bretagne
Burgund
Côte d'Azur
Disneyland Paris
Elsass
Frankreich
Frz. Atlantikküste
Korsika
Languedoc-
  Roussillon
Loire-Tal
Normandie
Paris
Provence

Italien
Malta
Capri
Dolomiten
Elba
Emilia-Romagna
Florenz
Gardasee
Golf von Neapel
Ischia
Italien
Italien Nord
Italien Süd
Ital. Adria
Ital. Riviera
Mailand/
  Lombardei
Malta
Oberital. Seen
Piemont/Turin
Rom
Sardinien
Sizilien
Südtirol
Toskana
Umbrien
Venedig
Venetien/Friaul

Spanien
Portugal
Algarve
Andalusien
Azoren
Barcelona
Costa Blanca
Costa Brava
Costa del Sol/
  Granada
Fuerteventura
Gomera/Hierro
Gran Canaria
Ibiza/Formentera
Lanzarote
La Palma
Lissabon
Madeira
Madrid
Mallorca
Menorca
Portugal
Spanien
Teneriffa

Nordeuropa
Bornholm
Dänemark
Finnland
Island
Kopenhagen
Norwegen
Schweden

Osteuropa
Baltikum
Budapest
Königsberg/ Ost-
  preußen Nord
Masurische Seen
Moskau
Plattensee
Polen
Prag
Riesengebirge
Rumänien
Russland
St. Petersburg
Slowakei
Tschechien
Ungarn

Österreich
Schweiz
Berner Oberland/
  Bern
Kärnten
Österreich
Salzburg/
  Salzkammergut
Schweiz
Tessin
Tirol
Wien
Zürich

Westeuropa
und Benelux
Amsterdam
Brüssel
England
Flandern
Irland
Kanalinseln
London
Luxemburg
Niederländ. Küste
Niederlande
Schottland
Südengland
Wales

Südosteuropa
Athen
Bulgarien
Chalkidiki
Griechenland
  Festland
Griechische
  Inseln/Ägäis
Ionische Inseln
Istrien/Kvarner
Istanbul
Korfu
Kos
Kreta
Kroatische Küste
Peloponnes
Rhodos
Samos
Türkei
Türkische
  Mittelmeerküste
Zypern

Nordamerika
Alaska
Chicago und
  die Großen Seen
Florida
Hawaii
Kalifornien
Kanada
Kanada Ost
Kanada West
Los Angeles
New York
Rocky Mountains
San Francisco
USA
USA Neuengland
USA Ost
USA Südstaaten
USA Südwest
USA West
Washington, D.C.

Mittel- und
Südamerika
Antarktis
Antarktis
Argentinien/
  Buenos Aires
Bahamas
Barbados
Brasilien/
  Rio de Janeiro
Chile
Costa Rica
Dominikanische
  Republik
Ecuador/
  Galapagos
Jamaika
Karibik I
Karibik II
Kuba
Mexiko
Peru/Bolivien
Südamerika
Venezuela
Yucatán

Afrika
Vorderer Orient
Ägypten
Dubai/Emirate/
  Oman
Israel
Jemen
Jerusalem
Jordanien
Kenia
Libanon
Marokko
Namibia
Südafrika
Syrien
Türkei
Türkische
  Mittelmeerküste
Tunesien

Asien
Bali/Lombok
Bangkok
China
Hongkong
Indien
Japan
Ko Samui/
  Ko Phangan
Malaysia
Nepal
Peking
Philippinen
Phuket
Singapur
Sri Lanka
Taiwan
Thailand
Tokio
Vietnam

Indischer Ozean
Pazifik
Australien
Hawaii
Malediven
Mauritius
Neuseeland
Seychellen
Südsee

Sprachführer
Arabisch
Englisch
Französisch
Griechisch
Italienisch
Kroatisch
Niederländisch
Norwegisch
Polnisch
Portugiesisch
Russisch
Schwedisch
Spanisch
Tschechisch
Türkisch
Ungarisch

In diesem Register finden Sie alle im Reiseführer erwähnten Orte und Ausflugsziele, wichtige Sachbegriffe und Personen. Halbfette Seitenzahlen verweisen auf den Haupteintrag, kursive auf ein Foto.

Angeln 66
Archäologischer Park
  La Zarza 66
Argual **57,** 90
 Bajada 25, **33,** 39
Barlovento **30,** 80
Barranco Almendro
  Armago 75
Barranco
  de Angustias 72, 73,
  76, 77
Barranco
  de la Fuente 79
Barranco Izcagua 69
Belmaco (Höhle) 47
Brecitos, Los 76
Breña Alta 44, 49, 83,
  90
Breña Baja 44
Breñas, Las 25, **44**
Caldera de Taburiente
  (Nationalpark) 49,
  50, 52, *53,* 68, *70,*
  71ff.
Caminos Reales 50, 53
Canarios, Los 41
Cancajos, Los 38
Casas
  Roque Faro **30,** 80
Casona Massieu
  van Dalle 55, 57
Charco Azul 16, **29,** 89
Charco Verde 59
Cossío, Mariano de 33
Cubo de la Galga 38
Cueva Bonita 61
Cumbre 7, 9, 44, 50,
  53, 83
Cumbre Nueva 47
Cumbre Vieja 41, 49
Cumbrecita, La 49, **52**
Deseada 87
Días, Manuel Gonzáles
  35

Dos Aguas
  (Wasserfall) *74*
Drake, Francis 34
Ermita San Telmo 35
Ermita Virgen
  del Pino 50, **52**
Fajana, La 30
Fajana, La
  (Naturschwimmbe-
  cken) 16, **30,** 80, 89
Faro, El 43
Fayal, El **69,** 91
Franceses 30
Franken, Ambrosius 34
Fuencaliente 25, **41ff.,**
  49, 53, 82, 87
Fuente de la Zarza 66
Galga, La 39
Garafía *62,* **64ff.,** 81
Hacienda de la Cura 76
Hochseeangeln 61
Hoyo de Mazo 41, 90
Icona-Infozentrum **53,**
  75, 87
Idafe 52, 75
Indias, Las 83
Jedey 53
Laguna
  de Barlovento 30
Le Clerc, François 33
Llanos de Aridane,
  Los 15, 23, 24, 49,
  54ff., 76, 82, 83
Lomo de las Chozas 52
Lucha canaria 15, **16,**
  38, 46
Lugo, Alonso
  Fernández de 50, 57,
  60, 72
Manchas, Las 17, 82
Mata, José 35
Mazo 25, 41, **44ff.,** 83
Mirador de la
  Concepción 47

Mirador
  de las Chozas 76
Mirador de
  San Bartolomé **39,**
  79
Mirador
  La Somera Alta 38
Mirador El Time 57
Montaña
  de las Breñas 47
Montaña Negra 87
Montes de Luna **41,** 83
Morera, Luis 53
Nieves, Las *24,* 33,
  39
Observatorium 67, **68,**
  81, 91
Pared de Roberto 76
Paso, El 17, 25, 49,
  50ff., 75, 83, 90
Petroglyphen 15, 47,
  66
Pico Bejenado 53
Pico Birigoyo 87
Pico de la Cruz 77
Pico de la Nieve 77
Piedra Llana 77
Playa Charco Verde 59
Playa La Zamora 43
Playa Las Hoyas 59
Playa Las Monjas 59
Playa Nueva 43, 59
Playa Remo 59
Plaza La Glorieta 53
Pueblo Parque
  La Palma 91
Puerto Espíndola 31
Puerto Naos *48,* 49,
  58f., 61
Puerto Tazacorte *59,*
  60, 91
Punta de Santo
  Domingo *62,* **67,** 81
Punta Larga 43